ヒトラーの遺言

ナチズムは復活するか

永峯清成

彩流社

いまは亡き妻　和子の許に

目次

はじめに

一九四五年五月のあの日以来、アドルフ・ヒットラーの評価をめぐっての論争は、依然として続いている。それは二十世紀の初頭に登場したこの人物によって、ヨーロッパ全域にもたらされた決して忘れることのできない惨禍の原因を、関係者や識者によっても、いまだに究明できていないからである。

そのわけは――。それは、戦争の終結によって勝者と敗者が確定し、さらに国際軍事裁判なるものによってさまざまな措置が講じられたにもかかわらず、両者の間にはなお強く、不満と蟠《わだかま》りの気持ちが残っているからである。或るユダヤ人団体の関係者がこう言った。「今後ドイツ人は、向こう百年にわたって我われに賠償金を払わなければならない」と。

これに対してこれまた或るドイツ人男性はこう叫んだ。「もしいまヒットラーが再来したら、私はただちに親衛隊（S・S）に入る」と。例えが適切でないかもしれないが、これが現実なのだ。両者はいまだに完全な和解状態にあるのではなく、心情的には戦争状態にあると言ってよい。これは決して暴論ではない。

現在、両者の力関係は前者には有利に、後者には不利に傾いている。国際世論なるものがそうなっているからである。後者はそういう外からの圧力を、いま自分の力で撥ね返すことはできない。彼らはそこに抑えがたい不満ともどかしさを感じているのだ。

私はかつて、二〇一一年の六月までの十四、五年の間、十回ほどドイツとオーストリアの各地を彷徨した。その間のほとんどをベルリン在住のY氏に同行をお願いした。その日本人の男性は、もちろんドイツ語は堪能で、ドイツ政府の副大臣クラスの人物に対する通訳もやったくらいである。心強い味方を得ることになった。

私の現地への旅の目的は、ヒットラーとナチズムが、いかにしてドイツ人の心をあのように捉え、また戦後は、一部のドイツ人ではあるがそれをまったく否定することもなく、なおその残映を心の中に写し出しているという現実を知り、その精神的な過程を識りたかったからだ。いま世の中では、ヒットラーとナチズムのことを語るのを執拗に罪悪視しているが、それは間違っている。こういう国際世論の不公平さは、ドイツ人ならずとも、外国人でさえ強く感じているのである。

私は学者でもなく、その分野の専門家でもない。ヒットラーとナチズムを語るのに、専門書や文献を読み解くということもできない。またこの本は、そういう学究的なものでもない。ただ私は、当時の歴史的現場に赴き、まだ存命している関係者や、このことに多少なりとも関心をもっている現地の人びとから、その当時の実情を聞きとりたいと思っているだけである。もちろん最少限度の知識は、多くの参考書から得ている。文章は平易に、誰にも分かるように書いたつもりである。

ベルリンの郊外に住む、元親衛隊の下士官だったM氏を訪ねたときの印象には、感銘深いものがあった。彼はヒットラーの最後の二年間を、その傍らに仕えていたのだ。そして総統官邸の地下防空壕の中で勤務し、ヒットラーが自殺したあとなお数日間は、そこにあって外部との通信業務に就いていたのである。彼は当時の模様を快く私に話してくれた。

またヒットラー一族の発祥の地ともいえるオーストリアの北部、ニーダーエスターライヒの幾つかの小さな集落を巡り歩いているときに、そこに昔から住んでいる、ヒットラーの縁者ともいうべき家族にも出逢った。彼らは、今はヒットラーのことも知らないし、当時も殆ど関係がなかったといって、屈託のない笑いを浮かべていた。ただそのうちの一人の高齢の男性は、戦後間もなくソ連の兵隊に連行されて、四年間もシベリアに抑留されていたという。戦争が彼を、苛酷な人生へと連れ去っていったのである。

戦争など誰もがしたくないと思っているし、そんな目に遭いたくはない。しかしいま、この地球上では、その戦争が絶え間なく続いているのだ。国と国との大きなものから国境付近での小競り合いまで。また民族間の紛争や部族間の対立などと。

愚かなことと思いながらも、そこには或る必然性があるのかもしれない。しかしまた戦争が終わったとしても、勝者が永久に勝者のままで居られるわけでもない。両者の形勢は、いつか逆転する時がくるかもしれない。歴史がそれを証明している。そしてヒットラーとナチズムを深く知ることなく単に一方的に批判しているだけではすまない日が、必ずくるのではなかろうか。その意味でも、ヒットラーとは如何なる人物であったのか、ナチズムとはなんであったのかを識ることは重要なのではないかと思っている。

第一章　ヒットラーの誕生

一族発祥の地

　ナチスのことを検証するのに、その指導者であり独裁者であったヒットラーの個性なり人格は、どうしても知っておく必要がある。そしてその人格の形成過程を、彼の少年時代のものから見ていくために、あえてこの章を設けた。

　ヒットラーの出自については、一九四五年の戦後間もなくから、内外の多くの研究者や識者によってその考証が進められてきたところである。しかしその先祖、つまり彼の遠い先祖のことは、確かに解明することはできないようだ。ところがこの問題について私は、二度にわたり現地に赴いて、ある程度の確証を得ることができたのでそれをここに要約して呈示したい。

　オーストリアの国土の北部、つまりチェコとの国境に近いこの地方一帯を、ニーダーエスターライヒ、すなわち低地オーストリアという。そしてヒットラー一族がいつ頃からそこに住みついたかは不明であるが、この辺りのことをヴァルトフィルテルの森林地帯と呼んでいる。土地は痩せて、あまり農作物が獲れる所ではない貧しい地区だ。オーストリア第三の都市リンツから東北東に、約七〇キロの位置にある。

その地区の中心にヴァイトラという町がある。ヴァルトフィルテルの森林地帯を抜けてしばらく行くと、平原のような明るく開けた景色の中にその町はあった。周囲を城壁によって堅固に囲まれた、中世の面影をそのままに残している町である。車がやっと通れるくらいの狭い城門が東西にあり、その間は三百メートルもない。小さな城郭都市といってよい。

そこは周囲に七つ八つある集落の行政の中心地であり、ヒットラーの母クララ・ペルツルが生まれたシュピタール村がいちばん近くに、父方の先祖が住んでいた集落は、そのまた先の辺地にあった。それらの集落には住民の家屋以外には何もなく、今でも公共的なものは郵便ポストがあるくらいのものだ。したがって彼らの戸籍簿などは、すべてヴァイトラの役場が保管している。その戸籍簿も、もともとは地区の教会が保管していたのだ。ヨーロッパ各地でも一八〇〇年代の後半になって、住民の戸籍簿などは教会から役場へと移管されたのだ。こうしたことによりヒットラー一族の戸籍も、このヴァイトラの役場で知ることができる。

数百年前、隣国チェコとの国境まで五、六キロしかないこの地区でも、或る歴史的な事件が起こった。それは隣国チェコ（当時のボヘミア）から、フス派の人びとが四台の馬車に乗ってやってきたというのだ。今までにこんなことはなかった。フス派というのは、当時ボヘミアで起こった宗教改革を叫んで立ち上がった人びとのことで、その首謀者の名をフスという。しかし改革運動は失敗に終わり、彼は火炙りの刑に処せられたのだ。一四一五年のことである。

この地方の人びとにとっては、近いといってもボヘミアはやはり他国である。風俗も言葉もまるで違う。人びとは彼らの姿を見て怖れもした。しかしその余りにもみすぼらしい姿に、同情する気持ちのほうが強かった。彼らはそれを受け入れたのだ。手厚く、ということではないにしても、その態度は寛容だったのだろう。その後人びとは、彼らと交わるようになった。それが自然だった。町の物識りの男性が言った。「この辺りの人びとは、もともと混血民族なのだ」と。

いまはチェコとの間に国境線があるが、昔はそれほどはっきりとしたものはなかっただろう。フス派の事件以来そうなったのかもしれない。当時この地方は、神聖ローマ帝国の勢力が強大で、ボヘミアやオーストリアはその版図の中に小さくあっただけだ。今はその勢力も弱いポーランド王国やハンガリー王国などが、その隣国として対峙していたのである。その神聖ローマ帝国内には境界線などはなく、この辺りの住民はその間を、多少は自由に行き来ができたのである。そこでは自然に他民族との混血が生じるのである。ヴァイトラ辺りの住民が、過去に起こった自分たちの宿命を今さら考えることもできず、それを容認するのになんの疚しさもないのは当然で、血の純血などと言うのはおこがましいと思っている。ヒットラー一族がその中にあって、どれほどの動きができただろうか。生活力などそれほど大きくなかっただろう。

ヒットラー一族の発祥の地シュピタール村（著者撮影）

教会やヴァイトラの町役場などにある戸籍簿から作成した、一族の系図がある。それによると、ヒットラー家の人物の初出は、一六七二年生まれのシュテファン・ヒードラーという人物につき当たる。そしてその出身地は、ヴァルテルシュラッグという村だ。ヒットラーの生母クララ・ペルツルが生まれたシュピタール村からは、さらに四、五キロ南に下った、より小さな集落である。

彼をヒットラー家の一代目とすると、二代目にヨハン・ヒードラーという人物が登場する。一七二五年生まれで、生地はやはりヴァルテルシュラッグ村である。そして三代目もまた同じ村の出身で、マルティン・ヒュトラーを称する。一七六二年生まれとする。以上のようにここまでの人物は、だいたいが同じ集落で生まれ、そこで生涯を終わっていることになる。オーストリアの辺地にある田舎での住民の一生は、そんなところだったのだ。

しかしここで突然、一族の中では特異な人物が現れたのだ。その名をヨハン・ゲオルク・ヒードラーといい、ヒットラー一族の四代目に当たる。生まれたのは一七九二年で、その生地は今までのヴァルテルシュラッグ村ではなく、ペルツル家の在るシュピタール村である。母親がその村の出身だったからなのだ。それにシュピタール村のほうが少しは開けた処だったので、一族はこの頃からペルツル家と縁をもち、その一家の庇護を受けることにもなったのだと思われる。

ところがこのゲオルクは、若いときに村を飛び出してしまったのだ。行き先は分からない。シュピタール村に限らずこの辺りは貧しい処だったので、職を求めるならウィーンへ行く手もある。しかしそこへは行っていない。行方不明なのだ。彼はそれが性癖なのか放浪の旅に出ていったのか。家の者や村びとがそう考えるのが普通だった。彼は評判の悪い人物になってしまったのだ。これが後に、ヒットラーの生いたちをめぐっての噂に、暗い影を落とすことになったのだ。果たして彼は、一族にとって好ましからざる人物だったのか。

ところがゲオルクは、行方不明になったその旅の途中で子供を一人もうけていたのだ。相手の女性の名はマリア・アンナ・シックルグルーバーといい、シュトローネス村の出身で、その村で二人はしばらく一緒に生活していたのだ。シュトローネス村とは、シュピタール村から東へ約三十キロほど行った処で、ウィーンへはより近い。

彼女はゲオルクよりも三つ年下で、あまり素性はよくなかったようだ。二人の間に生まれた男子の名をアロイスといい、彼がアドルフ・ヒットラーの父になるわけだ。しかしゲオルクは、我が子アロイスが生まれても、その届を教区教会に出さなかったのだ。子供は法律上私生児ということになる。母親のマリア・アンナもそのことに無頓着だったのか。田舎者とはいえ、いかにもだらしがない。そして月日が経ち、ゲオルクは三十何年か振りにシュピタール村に帰ってきたのだ。

シュピタール村を管轄するヴァイトラの役所に出向いた彼は、町の公証人に、自分と妻マリア・アンナとの間に生まれたアロイスのことを説明し、法律上の手続きをしてくれるようにと泣きついた。結局、公証人はそのとおりにしてやった。子供のアロイスは、こうして私生児の汚名を拭いさることができた。ただアロイスは、このときは父の弟のネポムク・ヒュートラーの許に引きとられて、シュピタール村にいたのだ。そしてゲオルク自身も、元のヒドラー姓に戻ったのだ。後日生まれるアドルフも、ここに晴れてヒットラー姓を名乗ることになるのである。

ところでここまできて、ヒットラー一族の名字、つまり姓が、そのときどきによって幾つもあることが気になる。すなわち人物によってはヒードラー、ヒュトラー、ヒュッツトラー、ヒトラーなどと。しかしこれは田舎などにはよくあることで、それを記録する教会や役場なども、たいして気にも留めていない、おおらかなものなのだ。

さきにあげたヒットラーの生母クララが生まれたシュピタール村は、現在（二〇〇三年）人口二〇五人の小さな村だが、そこに教会ともいえない小さな礼拝堂がある。その周りには墓地もある。またその一郭に、第一次世界大戦と第二次世界大戦で戦死した村民の墓碑もあるのだ。第一次では九人、第二次では十五人と。村の人口と比べて、それを多いというか少ないというか。そしてその中に、ヒュートラーという名の兵士もある。このシュピタール村やその周りには、たしかにヒットラーの一族も根付いていたことがこれで分かる。

ヒットラー一族の出自についての詮索は、これで終わったかにみえた。ところがである。後年になって、ヒットラー自身の出自について大きな疑問が呈され、これは政治の場でひと悶着を起こすことにもなったのだ。どういうことか。

それは一九三二年のこと。ヒットラーらがミュンヘンの地に創設したナチス党は、その後勢力を大きく伸ばし、いよいよベルリンの中央政界に打って出た。そしてナチス党の党首となっていたヒットラーは、当時の大統領ヒンデンブルクと大統領の職をめぐっての選挙戦を行うことになったのだ。しかしここにきて、彼は自分の迂闊さに気がついた。大統領になるにはドイツ人でありドイツ国籍でなければならないのだ。当然である。ところがヒットラーは、ドイツ人であってもドイツ国籍はもっていない。つまりオーストリア国籍のままで今まで通してきたのだ。

これには本人も、その取り巻き連中も大いに慌てた。そこで側近のルドルフ・ヘスなどが諸処を駆けまわり、やっとヒットラーにドイツ国籍を取得させることができたのである。そのとき相手のヒンデンブルクは、そのいきさつを傍らから見ていたのだ。そして思わず吐き捨てるようにして言った。

「ふん、ボヘミアンの伍長めが」と。

ヒンデンブルクはこのとき現職の大統領。しかも過去には、赫々《かっかく》たる経歴があるのだ。すなわち若くよりドイツ陸軍の将校として普仏戦争（一八七〇）などに従軍し、第一次世界大戦では第八軍の司令官の任に就いた。そしてタンネンベルクでのロシア軍との会戦では、始めの劣勢をはね返して大勝利を収めることができた。のちにその功により陸軍元帥に昇進したのである。元伍長のヒットラーとは、比較にならないほどの身分の差があったのだ。

しかし第一次世界大戦で敗北したドイツの社会と政界は、混乱状態の中から次第に新しい体制を作り出そうとしていたのである。そしてそこに登場してきたのが、ヒットラーの率いるナチス党である。保守的で旧世代に属するヒンデンブルクも、それを認めざるをえなかった。ここに彼とヒットラーは、大統領の椅子をめぐって相対することになったのである。

その過程でヒンデンブルクは、ヒットラーなる男の素性に疑いをもった。ドイツ人であるにしても、今までドイツ国籍も持っていないこの男は、いったい何者なのかと思ったのだ。そこで彼の出身地であるオーストリアの僻地ボヘミアの国境附近に人をやって、その一族のことを調べたのであろう。それくらいのことは大統領の職権でできる。しかしその結果は、ヒットラーを貶《おとし》めるだけの資料は出てこなかった、と思われるのだ。ただヒンデンブルクは、漠然と彼をボヘミアンと思っていたのか。忌々しい男だったのだ。これはあくまでも想像である。

しかし想像だけでなく現実的にもう少し調べてみると、ボヘミアン、すなわち現在のチェコ国内に、ヒットラー一族の先祖の出身地と想われる地区が出てくるのだ。ヒットラーという苗字そのものがドイツ人としては珍しく、オーストリア国内にごく少数が生存しているだけである。このことから、一族の先祖はスラブ系ではないかという疑いが前からもたれている。

ところがこの苗字に似たのが、ボヘミアのモラヴィア地方にあるというのである。今のチェコ領である。そのチェコの東部をモラヴィアといい、西部をチェコという。ヒットラーの姓に似た姓をもつ一族がいるというのは、その南モルヴィア（モラバ）の一郭に住む一族だというのだ。ウィーンからは北に百キロ、ヴァイトラからは二百キロの距離にある。果たしてヒットラー一族と関係があるのか。そこまでは分からない。ヴァイトラの住民が言うように、この辺りの人びとは、もともと混血民族なのだというように、百キロも二百キロも離れた処に住む他民族と混血があったとしても、不思議はない。

しかしここまで辿りついても、ヒットラー一族が果たしてここから出ているのかとは、何の確証も得られないことが分かったのだ。そうであればヒットラー一族の先祖捜しのことは、もうやめたほうがよいと思う。これ以上やってもその効果はないし、意味もないのだ。人間、四代も五代も前の先祖のことなど、たいして関係もないのだ。それを今さら目くじらを立てて詮索するのは愚の骨頂であり、徒労でしかない。

ところがここにきて、ヒットラーにとっては忌まわしい、一つの大きな問題が生じてきたのだ。それは祖父のゲオルクにまつわることだった。前にも述べたとおりゲオルク・ヒードラーは、若い時にシュピタール村を出て放浪の旅に出た。そして年老いたときになって村に帰ってきたのだ。それまでどこにいたのか。しかしその放浪の旅の過程で、マリア・アンナ・シックルグルーバーという女性と同棲して男の子、つまりアドルフの父親をもうけたということは分かっている。そしてその場所はシュトローネス村という集落である。またこのアドルフにとって祖母のマリア・アンナは、一八四七年に亡くなっている。

これらの事実は、ヒットラーの気持を時として忌まわしいものとさせることになった。やがて彼はドイツの首相になり、一九三八年二月にオーストリアをドイツに合邦させることになる。いわゆる「アンシュルス」である。そしてそれを機に、彼はウィーンにおけるその式典のためにベルリンを発った。そして途中で自動車に乗り換えると、かって少年時代を過ごしたランバッハの町やリンツへとやってきた。

ところがそこまできて、彼は一族の発祥の地ともいうべきシュピタール村やヴァイトラなどで、ヒットラーの栄誉を祝っての催しが、大々的に行われようとしていることを知ったのだ。彼は思わず眉をひそめた。その祝祭の場には地元の人びとだけではなく、外部から、しかもそこには新聞記者なども大勢集まってくるだろう。そう思うと、彼はたちまち怖れと不安な気持にかられたのである。(これは捨てておけぬ)と。

ヒットラーは腹立たしげに、この件に関してのいっさいの祝賀行事を中止するようにと命令をだした。それを聞いて現地の人びとは怪訝な思いにかられながらも、町の広場や母クララの生家に掲げられたハーケンクロイツの旗などを、急いで引き降ろす羽目になった。村びとは狐につまれた思いにかられながらも、そうするよりほかなかった。当の本人からのきつい命令なのだ。

そして後日、ヒットラーはさらに強い手を打った。彼は祖父が生活をし、父が生まれたシュトローネス村を含む約四十の集落の住民に対して、そこからの立ち退きを命じたのである。何を思ってか。オーストリアの辺地にあり、しかも貧しい集落とはいえ、そこには七千人もの人びとが住んでいる。それを何の説明もなく立ち退かせたのである。

もちろんこれには十分の移転補償もした。そしてそこからの住民の立ち退きが完了したあと、彼らはまた思いがけない光景を目にすることになった。間もなくドイツ陸軍の砲兵隊が集落の周りにやってくると、大小の大砲がいっせいに火を吹いたのである。集落にある住民が住んでいた家屋は、事前に解体されることもなく、いきなり物凄い爆発の火焔と煙に包まれて完全に破壊されたのである。そしてその残骸はあとかたもなくそこから運び出された。なんという荒っぽいやり方なのか。ヒットラーの祖父シックルグルーバーが住んでいた家は、紙切れ一枚残さずに完全に消滅したのである。

ヒットラーはやっと安心した。彼は祖父の半生なり、シュトローネス村での生活振りをまったく知らなかったが、そこに卑しく醜いものを想像していたのだ。しかしいまは、その痕跡すらも見ることはできないのだ。彼は愁眉を開いたといってよい。

いまオーストリアの大版の地図を見ると、そこには東西に約二十キロ、南北に約十キロの空間が拡がる地域がある。そしてその楕円形の部分だけが白地になっていて、Sperrgebiet と表示されているのだ。つまり立ち入り禁止地域なのだ。戦後そこはＮＡＴＯ軍が演習用に使っていて、ヨーロッパ最大のものと言われていたことがある。空しいような夢の跡か。

ここまで、ヒットラーとその一族の発祥の地について時間を割いてきたが、考えてみればそれほどの必要はなかったのかもしれない。人間一人の生いたちに対しては、誰もそこへ入りこめないし、それを否定することもできない。要は本人が、自らの生涯を認めることしかできないのだ。ヒットラーは誰に遠慮することもなかったのだ。

ただ彼の死後いっとき、その出自や日常生活ぶりなどが多々言われてきた。そして現在も敵対しているそういう勢力による、攻撃的で荒唐無稽な評価が続いているのだ。中にはそういう低俗な資料を因にして、発言している評論家も存在する。これだけでもヒットラーという人間が、並のものではなく、いまだに無視できない人物であるということが分かるのである。

アドルフの少年時代

一八八九年四月二十日にヒットラーは生まれた。処はドイツとの国境に面した、ブラウナウという小さな町だ。オーストリア領にあるが、もともとはドイツのバイエルン王国の支配下にあったこともある。ドイツとオーストリア。ヒットラーの将来を、どことなく暗示するようなその出生の場所である。

父アロイス・ヒトラーは、幼児期に父の許を離れて、叔父が暮らすシュピタール村で育てられた。そして十三歳のときにそこを出てウィーンに行き一人立ちした。貧しい村では誰もがすることだ。アロイスは生来まじめな人間だった。そして努力家でもあった。始めは靴屋の見習いということで雇われたが、どういう経緯があったのか、次には王室税関の国境警備隊の隊員という思いがけぬ仕事に就くことができたのだ。

アロイスには人徳があったのか、彼は税関事務所の仕事を次々とこなすと、あちこちに転勤するほどになった。シュピタール村を出たときにはたいした教育も受けていない若者にしては、自分なりによほどの勉強をしたのだろう。そして先輩や仲間の受けもよかったようだ。

二十《はたち》前後の年になって、アロイスは結婚した。税関仲間の養女アン・グラズル・ヘーレルという女性だったが、二十年近くも経って離婚したのだ。子供はなかった。そして二度目の結婚の相手はホテル勤めの女性で、名をフランツイスカ・アッツェルバーガーという。二人の間には二人の子供ができ、兄のほうはアロイス・ヒトラー二世といい、妹のほうをアンゲラという。すなわちアドルフの異母兄姉《きょうだい》ということになる。ところが妻のアッツェルバーガーは、アンゲラを産んで間もなくこの世を去ってしまったのだ。アロイスは途方に暮れた。

幼い子供二人をかかえたアロイスには、どうしても女性の手が必要だった。そこで考えつい

ヒットラーの母クララと父アロイス・ヒトラー

たのが、郷里シュピタール村にいるクララという女性だった。アロイスからすると、育ての叔父ヨハン・ネポムク・ヒュトラーの子供のそのまた娘ということになり、クララからすると、アロイスは叔父ということになるのか。ややこしい話だが、田舎ではよくあることである。多分同じシュピタール村の同じ家で育ったが、彼女が生まれたときにはアロイスはすでに村を出ていた。年は三十三も違う。このときアロイスは四十八歳、クララは二十五歳の若さだった。

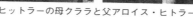

一八八五年一月に、二人はブラウナウのポンメルン亭で結婚式をあげた。クララはいきなり子供二人をかかえての新婚生活を送ることになる。しかし彼女は、そういうことはあまり気にしなかった。生来が楽天的な性質なのか。彼女は若いときウィーンの家庭で下働きをしていたことがあり、その垢抜けた容姿とともに、周りの人びとには好感をもたれた。田舎の女にしては体は細く、顔は面長で美人の部類に属する。

二人の間にすぐに子供が産まれたが、乳幼児の死亡率の高いこの頃なのか、アドルフが生まれたときにはすでに三人の子供が死亡していた。だから彼はこの夫婦の第四子ということになる。しかしともかくも、新生児はアドルフと名づけられ、町の聖シュテハン教会で洗礼を受けたのだ。つまり彼はカトリック教徒になったというわけである。

ブラウナウはイン川のほとり、向こう側はドイツ領になっている国境の町である。町は中世の面影をそのまま残して、美しい家並み見せている。アロイスが勤める税関事務所は、川向こうの橋の裾にある三階建ての建物。そこで彼は川を上下する船舶を眺めながら、時には船内を調べるような仕事をする。川上のザルツブルクからは、岩塩や砕石などが運ばれてくる。とくに面白いという仕事でもない。川の水は深く、青黒く濁っている。

クララと三人の子供たちは、連れ立って街なかを散策することもあれば、アロイスとともに一家で食事をすることもあっただろう。ここはイタリアに近くマカロニスパゲッティもある。また子供たちには、今も当時と同じビスケットも売っている。しかしアドルフには、この町での記憶は殆どない。彼が三歳になったとき、アロイスの転勤により、イン川の下流にあるパッサウという町に引っ越したからである。

そこはイン川が大河ドナウに注ぐ合流点だった。アロイスとしては、少しは位階も上がっての転勤だった。パッサウはブラウナウよりも大きく、町の中心部には三つの塔をもつ大聖堂の重厚な姿が他を圧していた。アドルフはよちよち歩きで、はしゃぎながら町なかを走り回った。

しかしそれは束の間のことで、一家はまたも引っ越しをすることになったのだ。

アロイスの河川沿いでの税務管理の仕事は、今度はリンツのドナウ川の北にある事務所にと決まった。そしてそこへは単身で赴いた。妻子をいちいち連れてということもできなかったのだ。そこで、彼は自分の行く末を考えた。つまり家族のためにも、いつ退職するかと思案をめぐらしたのである。

彼にはかねてから夢があった。自分はオーストリア国家の官吏として、十分に勤めあげた。余生は広い農園をもって、そこで思い思いのものを作ってみたいと。自分で手を汚すこともあれば、使用人を何人か使ってという夢見る計画だった。そのために新しく家や農園を買う退職金も十分あると計算したうえでのことである。

リンツへ単身赴任したあと、アロイスはいよいよ農園経営の計画を頭に描きはじめた。そしてついに、リンツから南西に五十キロほどの地にある田舎に、土地付きの家屋を購入したのである。その地にいちばん近い町をランバッハといい、そこから東に五、六キロ行った処にあるフィッシュラムという小さな集落だ。森というようなものもなく、陽当たりはよい。

前の住人も農園主だったのか、屋敷は大きく広い。その中には納屋もある。まさにアロイスも、晴れて農園主になったのだ。家の前には大きな果樹園も広がっている。アドルフ少年と姉のアンゲラは、歩いて一時間もかかる村の小学校に入った。ところがここでは、一家にとって思わぬことが次つぎと起こったのだ。

まず、屋敷の裏に小径が一本あって、それに沿ってこれも幅二メートルほどの小川が流れている。水の量は多くそれに深い。或る日その小川にアドルフが足を滑らせ、あっという間に流されたのだ。しかし近くにいた大人が、すぐにそれを救い上げたのだ。少し遅かったら、アドルフは溺れ死ぬところだったのだ。彼は運がよかった。それは大人になってからでも、危険に遭遇したことが度々あってその都度難を免れているから、彼には生まれながら何か具ったものがあったのだろう。しかし少年の頃の彼には、お喋りでそそっかしいところもあったのだ。

つぎにはアロイス二世、すなわちアドルフの異母兄が家出をしたのだ。彼は新しく母となったクララが、自分が産んだ子のアドルフばかりを可愛いがるのを見て、不満だった。それに彼はこのとき十四歳になっていた。十四歳といえば父アロイスがシュピタール村を出ていったときと同じ年だった。それをかねがね父から聞かされていた。家を出ていく理由はそれだけで十分だった。彼はそれを決行したのだ。

もう一つは、アドルフの学校のことがあった。村の小学校といったが、それは教会の附属施設で、教室は二部屋だけの小さな建物だった。これにはクララが心配した。アロイスにしても、長男には農園の後継者をと思っていたが、アドルフにはしっかりとした教育を受けさせて、行く末は自分と同じようにオーストリア国家の官吏にしたいという密かな夢があった。そのため、いつまでもこんな田舎の小学校に通わせていることは出来なかったのだ。長男の家出ではかなくも希望を失ったアロイスは、また引っ越しをすることになったのだ。

二年後、すなわち一八九七年に、一家はランバッハの町に転居した。リンツからザルツブルクに向かう途中にあって、小さいながら町の装いをととのえていた。鉄道が町の北側をかすめて通っている。中央広場もあり商店街もあり、尖塔の美しい教会もある。

クララはこの町がひと目で気にいった。というのは、一家が住むことになる店舗つきの住宅の前には広場を挟んだ向こう側に、教会の附属の小学校の建物が、運動場といっしょに二階の窓から眼下に見下ろすことができたからである。アドルフの教育には、願ってもない条件にあったのだ。

建物の背後にある教会はベネディクト派の修道院で、頭に玉ねぎの形をした二本の塔が聳え立っている。アドルフらの教室は門を入るとすぐ左側にあり、小さなグランドの北側にあるから冬でも明るく暖かい。教会の礼拝堂へは建物の中を通っていく。アドルフは間もなくその礼拝堂に入っていく。

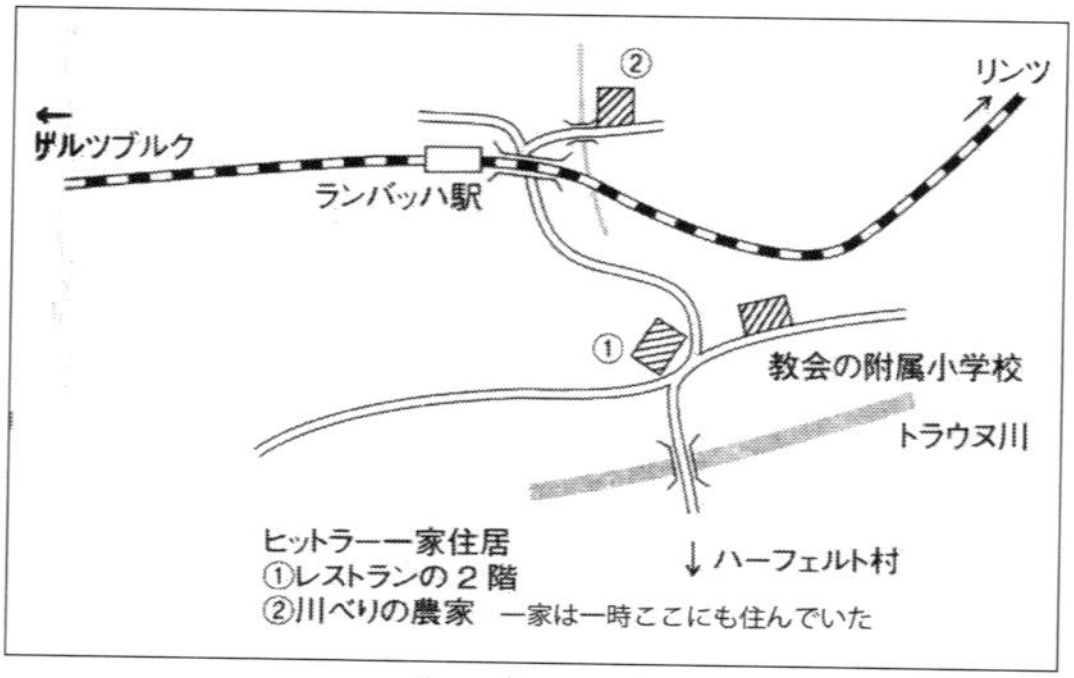

ランバッハの図

そこで彼は、幼い人生で最初の神からの啓示を受けるのだ。決して大袈裟に言っているのではない。

それほど大きくない礼拝堂の二階には、型どおりのオルガンもあった。休み時間などに神父が独りそれを弾いているのを、生徒たちはよく耳にした。時によると、教会の大きさに比べても不釣り合いなほどに大きな、すさまじい音を出すことがある。弾いていたのは、ベルンハル

ベネディクト派修道院。左側の二階にヒットラーの通った教室。彼は修道院の聖歌隊にはい入った。（著者撮影）

ト・グレーナー神父だった。

　まだ幼いアドルフだったが、彼はその音楽に惹かれて、神父の指導する聖歌隊に入ることになった。団員は二十人ほどで、男児ばかりだ。ちょうどウィーン少年合唱団のような集まりだった。歌うのはもちろん宗教音楽だったが、それでもグレーナーは、子供向けにシューベルトやグノーなどのクリスマス用の曲も歌わせたのだろう。少年たちにとっては、それは心地好い喜びでもあったのだ。

　アドルフは美声ではなかったが、声はよかった。それに彼のひたむきな態度は、グレーナーに良い印象を与えた。時によりヴァイオリンの弓で頭を叩かれることもあったが、それで音楽が嫌いになることはなく、アドルフは子供心にも、より上達することを望み一生懸命に歌った。彼はたしかに音楽に目覚めたのだ。やがて青年期を迎えると、彼の音楽への憧憬は、病的なほどに昂まっていくのである。

　ランバッハの町も教会も、東西に流れるトラウヌ川の北側に、台地のような高みにあった。

教会の南側のバルコニーに立つと、広い河川敷やその周りに広がる田舎の風景は、晩年のゴッホが描いたフランスの田園風景にも似て、それは大人だけではなく、子供の心にも和《なご》んだ感性をもたせるものである。アドルフ少年もそれを感じることができたか。

ランバッハはクララだけではなく、アドルフにとっても、思い出の多い懐かしい町だった。後年、彼はオーストリアをドイツに併合して、その布告宣言をするねためにウィーンへ向かう途中、自動車でここを通っている。そしてランバッハの市民からは、熱烈な歓迎を受けたのだ。幼児期への懐かしさがあったのだろう。

短い期間だったが少年アドルフにとって、ランバッハで育《はぐく》まれた感性は、大人になってからの人間形成に、少なからずの影響を与えることになるのは確かである。そこには無視できないものがある。この頃に撮ったクラスの集合写真がある。彼は腕を前に組み顎を上げ、昂然とした態度で前を見つめている。そこにはすでに、指導者としての片鱗をうかがわせるものがあるのか。密かに頷けるその一葉である。

クララにとってランバッハの住居は、息子のアドルフの教育上好ましいものだったが、夫のアロイスはそこに次第に落ちつかない気分を感じ始めていた。彼らの部屋は二階にあったために、階下のレストランからは、一日じゅう食べ物の匂いがしてくる。それに騒々しい。広場は男たちや女たちの話し声が絶えない。アドルフのために学校が近くて良かったが、窓からは大人たちの醜態がまる見えだった。そこでまた彼は、引っ越しをすることになった。気難しい家長だったが、クララたちもこれに従うよりはほかなかった。

アロイスが己れの人生の最後の地として選んだ場所は、リンツの校外にあるレオンディングという田園地帯だった。リンツはオーストリア第三の都市で、いかにも古都というただずまいを見せている。かってはモーツァルトもここに来て、その名も「リンツ」という交響曲を作曲しているのだ。住民は保守的といえる。

レオンディングは、そのリンツの西側のやや低い丘を越したところにある。西の方角に向かって垂れていく、広い田園地帯だ。しかしただの田園地帯ではない。土地は肥沃で小麦畑が一面に拡がっていて、ここはリンツの富裕な人々の別荘地でもあったのだ。緑に映える景色の中に彼らの屋敷が点在し、その赤い瓦屋根がいっそうの彩《いろど》りを添えている。

アロイスの家は、彼らの屋敷とはやや離れたところにあり、周りには広い庭もあって、家も二階建てで家族が一緒に暮らすには十分だった。ただ難を言えば、家の前が墓地だったのだ。その向こう側に、美しい尖塔を見せているのは聖ミヒャエル教会だった。しかしアロイスは墓地など気にならなかった。公園のように色とりどりの花が供えられている空間の広がりは、彼の気分をむしろ晴れやかにしたくらいだ。

アロイスはここで人生最後の時を過ごすことになるのだが、それは穏やかなものだった。自宅を出て墓地の周りを少し行くと、町の中心部に出る。その少し手前を左に折れて坂を下りた処に、食堂と飲み屋をかねたレストランが一軒あった。店の名をシュティフラー亭という。彼はそこへ毎日通うことになったのだ。ビールかワインの一杯を飲みながら新聞を読み、ここで知り合った町の男たちとお喋りをするのが日課となった。

やがてアロイスは、この町では名士と目される人物となった。彼の外貌は厳《いか》めしかったが、男たちはすぐにそれに馴れた。なんといっても、オーストリア国家の元官吏だったのだ。それに彼が、町で行われる何かの行事のさいに、軍服に似た礼服を着て現れるにおよんで、村びとたちも畏敬の念をもってその姿を見つめるのだった。

しかしこうしたアロイスの外面的な評判に反し、家庭内では必ずしも良き夫や良き父親というわけにはいかなかった。妻のクララは叔父でもある彼の生活態度に我慢するとしても、息子のアドルフは、年齢的にもそろそろ反抗期にさしかかってきたのだ。父親に対して口答えをするというのではなく、態度にはそれが見えてくる。クララはその間に立たされた。

そして彼女にとっては、もう一つの悲しい出来ごとが起こったのだ。それはアドルフの弟エドムントが死んだのだ。まだ六歳で、小学校にも上がっていなかった。彼女はアロイスとの間に産まれた子供のうち、四人も死なせたことになる。その打ち沈んだ姿は、見るも哀れだった。自分の躾がひ弱なせいだと己れを責めた。

だがそうした中にも、アドルフはいよいよリンツの中学校に通うことになった。いつまでも近所の悪童たちとインデアンごっこをしている年齢を通りすぎ、少しはませた顔つきになっていったのだ。学校の名を国立実科学校という。レオンディングから四キロの道のりを通うことになる。クララにとっても、それは大きな喜びだった。

一家はともかくも平穏な生活を送っていた。ところがここに突然悲劇が襲ったのだ。冬の日の朝、アロイスはいつものようにシュティフラー亭に向かうために家を出た。そこにはすでに仲間たちの何人かがいた。彼は軽く手をあげて自分の席についた。店の親父が一杯のグラスワインを盆にのせて運んできた。そこまではいつものとおりだった。

ところが彼は、テーブルの上に置かれたグラスを手にするかしないうちに、顔をうつ伏せにして倒れたのだ。グラスのワインがテーブルの上を赤くしたので、男たちが立ち上がってアロイスを介抱した。彼はぐったりとして、自分からは動かなかった。男の一人が医者を呼びに走り出した。しかしその時には、すでに事切れていたのである。アロイス、六十五歳の生涯の終わりだった。一九〇三年一月三日のことである。病名は肺胸膜出血と診断された。

翌々日、アロイスの亡骸は自宅前の聖ミヒャエル教会の墓地の、杉の木の下に埋葬された。それから数日後、リンツの新聞は彼の死を報じてその業績を称えた。アロイスはやはり名士だったのだ。ところがこのとき十四歳のアドルフ少年は、その父の死をどう思ったか。彼は母や自分にも厳しかっただけの父親を、かっては赦す気持になれなかったのだが。しかし人間の死は、もっと感情的なものになっていた。二人は所詮親子の間柄だったのだ。

リンツでの青春時代

リンツはオーストリア第三の都市である。しかしそれほど大きくはない。建物にしても、ウィーンにある建物以上のものは造れない、ということになっている。なんといっても、ウィーンはオーストリアのすべてなのだ。とはいえ、リンツにはまたリンツの良さがある。古都というにふさわしいいく、住民はそこに誇りをもっている。アドルフ・ヒットラーは、ここで青春時代を送ることになる。

一人の人間の人格形成のうえで、その青春時代というのは非常に重大な時期で、その時に受けた強い衝撃があるとすれば、それは後のちになって、その人間の運命を左右するほどの痕跡を残すことになるのである。ヒットラーにとってもそれは同じである。そこで彼の青春時代の舞台となったこのリンツの事物については、少し時間を割いて紹介したいと思う。

オーストリア第三の都市といっても、人口は今でも二十万ちょっとと、首都ウィーンとは、比較にもならない。ドイツの南西部を水源とするドナウ川は、オーストリアの北の端を東西に流れ、やがてハンガリーへと下って行く。市街地の北側に沿って流れていくところは、リンツとウィーンとはよく似ている。

そのドナウ川はいつも穏やかに流れているというわけではない。時により、対岸に向けて架けられた大橋は洪水によって流され、堤防は水に浸ることがある。そして橋は急いで架け替えられることもあれば、舟橋を渡して急場をしのぐこともある。川縁にはまったく安全なところなどないのかもしれない。

ドナウ川の手前、堤防のすぐ下にかなり大きな広場があり、これをハウプト広場という。ここがリンツの中心部だ。その中央に三位一体の柱が聳え立ち、宗教的な雰囲気がそのあたりは漂っている。広場の周りには大寺院や州庁舎など大きな建物が立ち並んで、ここが市の中心部だという権威ぶったものも感じられるのだ。

リンツの中心街ラントシュトラーセ（著者撮影）

この広場からまっすぐ南へ下がっていく広い道を、ラントシュトラーセという。その突き当たりに中央駅があり、東はウィーンへ西はミュンヘンへと通じている、町はこのラントシュトラーセを中心にして作られているのだ。通りは繁華街でもあり、少し中に入った処にはオペラなどもやる劇場もある。またこの頃にはすでに市電も走っており、同じ線路を二頭だての乗り合い馬車も走っている。これはヨーロッパの各都市における、この頃の見慣れた愛嬌のある風景である。

一九〇三年六月に、オーストリア皇帝のフランツ・ヨーゼフ一世がここを訪れて、関係者らの歓迎を受けた。行政機関の長や聖職者らとも会談して、国家体制維持のための行動だったのだ。当時オーストリアは、隣国ハンガリーを合体させて、オーストリア・ハンガリー二重帝国体制をとっていたのである。彼はすでに七十三歳の高齢だったが、この頃は多難な時期だった。一八九八年には、皇后エリザベートをスイスのジュネーブで暗殺されて失っているのだ。

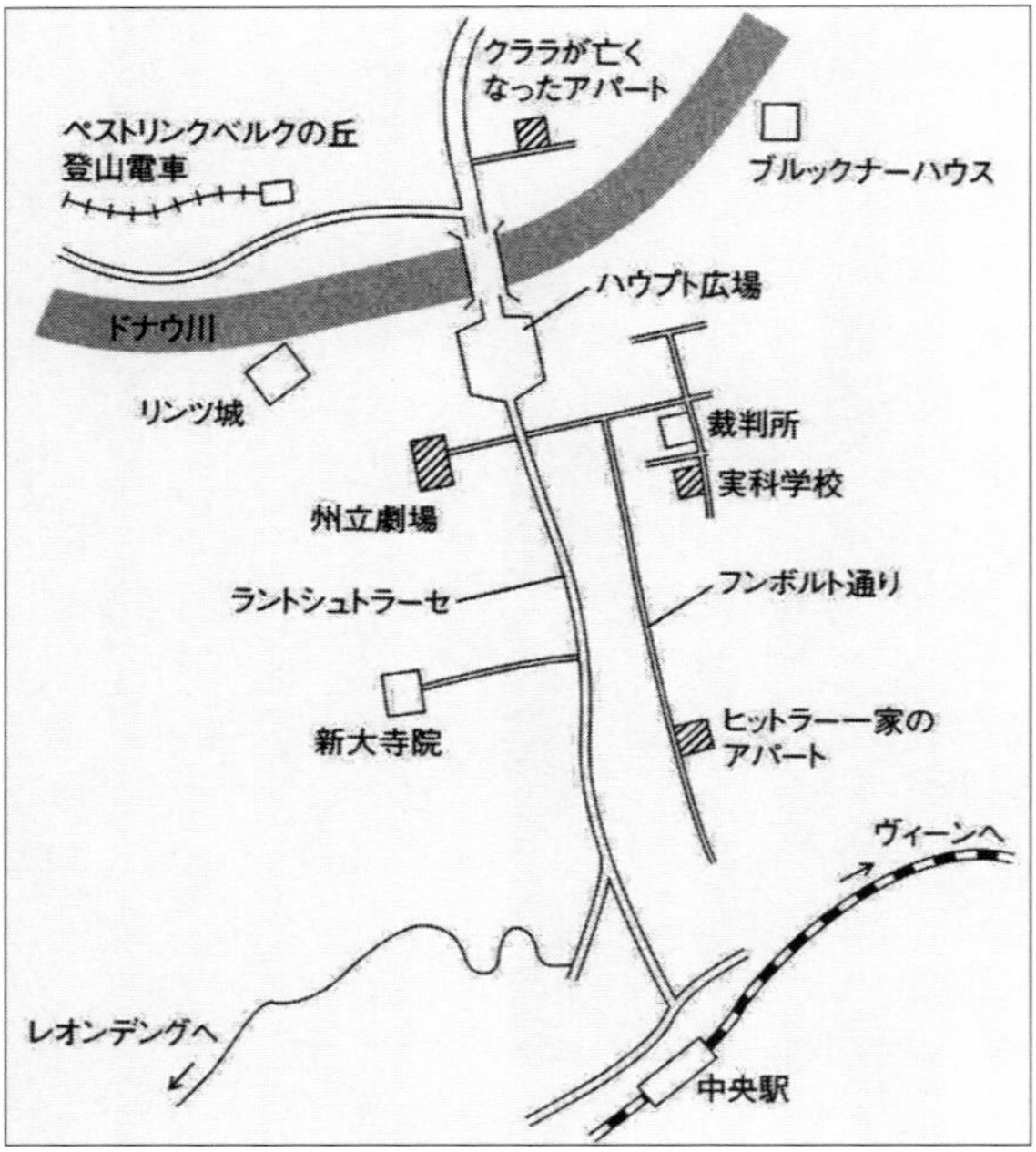

リンツ市図

一家の主人《あるじ》を失ったヒットラー一家は、その二年後の一九〇五年にリンツ市内に引っ越した。場所はラントシュトラーセから東へ少し入った、フンボルト通りに面した四階建てのアパートである。そこの三階で、冬の日など西日《にしび》がよく当たって、家族にとっては多少は居心地がよかったのだろう。

ただこのとき、アドルフはそこには入らなかった。彼はレオンディングに居たときに、リンツの国立実科中学に入学してそこに通っていたが、四年後にシュタイアーという町にある実科中学四年に転入していたのである。そしてその小さな町で下宿していたのだ。リンツからは南に三十キロほどの処にある。

ドイツやオーストリアの教育制度には、外国人には理解しがたいところがある。というよりもそこには不合理な面が感じられるのである。ヒットラーが十一歳のときに入れられたのは高度な学問よりも、技術的というか職業的な知識を修得するための学校に転校したにすぎないのだ。そしてそこには、国家の教育政策として、厳然とした考え方があった。その過程を概略する。

一般的に、子供は生まれてから三、四年で社会の一員となる。すなわち誰でも幼稚園から小学校へ入ることになるのだ。そこまでは、彼らは差別されることはない。しかし幼児から少年に成る頃、すなわち小学校を終えると次の段階に進むことになり、そこで早くも将来への方向性が決められるのだ。つまりその個人的な資質により、より高度な教育を受けるために高等中学校へ進むか、それほどの才能が無いと認められれば、職業的な技術を修得するために実科学校へ進むことになる。これは十幾つの少年にとっては、じつに厳しい峻別である。、果たして人間の少年期に、その将来性までを判別できるのかという疑問がでてくる。しかしこの制度は、ドイツ人にとっては古くから、確固としたものとしてあるのだ。

ワーグナーの楽劇に「ニュルンベルクの名歌手（マイスタージンガー）」というのがある。これは古くからあるドイツの徒弟制度を讃え歌いあげたもので、そのいかにもドイツ的な音楽は、民族の栄光を高らかに歌い合唱する感動的な音楽劇である。ゆえに、外国人がいかにこの制度に疑問をもったところで、ドイツ人はその耳を貸そうとしないのだ。

では、すでに実科中学に何年か通っていたヒットラーは、そのことをどう思っていたか。彼は父によりその学校に通い始めた時より、そうなることには殆ど何の考えもなかったと思う。それが親子ともどもの固定観念だったのだ。自分たちの身分では、その子弟は大学での高等教育を受けることなどできないという考え方が動かしようもなく固まっているのだ。だからこれが不当だとか不条理だということにはならないのだ、と思う。

ただヒットラーには、たしかに或る才能はあったが彼は勉強嫌いだった。学校でも自分の興味のあるものには耳を傾けるが、そうでないものにはまったく上《うわ》の空なのだ。彼はこのあと、実科中学での試験に合格をして或る資格を得るのだが、それをどうするということもなく学校をやめてしまった。もともと実科中学での授業には興味がなかったのだ。

では彼にどんな才能があったのか——。才能というほどのものではないが、彼には音楽と絵画に対する漠然とした夢や憧れのようなものがあった。そして将来は、そういう仕事に就きたいという気持があった。それを才能と呼ぶならそうかもしれない。

シュタイアーからリンツに帰ったヒットラーは、再び母や妹や、それに叔母のヨハンナ・ペルツルとの生活に戻った。叔母は身体障害者だったが、家族の面倒をよくみた。姉のアンゲラはやがて結婚して去っていくが、継母のクララとは仲がよく、二人で台所に立ってお喋りに余念がない。まずは円満な家庭だった。それにアロイスの遺族年金などがあって、家計はどちらかといえばかなり余裕があったのだ。

ヒットラーは自分の才能をどう活かしたか。ところがちょうどその頃、彼の前に現れた青年がいた。その名をアウグスト・クビツェクという。この町の家具製造販売職員の息子で、チェコ人だった。ヒットラーより九か月の年長で、話し相手としてはちょうどよかった。しかも音楽好きということで、彼はまたとない友人を得たことになる。しかし母のクララは、その関係に不満を洩らした。それはクビツェクがチェコ人だからという理由からのものだったが、当のヒットラーは、そんなことは少しも意に介しなかった。結局息子がそう言うのならと、クララもそれを認めざるをえなかった。特別に強い差別意識があったわけではない。

クビツェクは昼間は父の仕事を手伝っていたので、二人は夕刻になって会うことになった。そしてラントシュトラーセを、行ったり来たりの歩きながらの会話を楽しんだ。話の主題は音楽が殆どだった。ヒットラーは音楽にも絵画にも感心が強かったが、絵は描けても楽器を扱うことはできなかった。しかしクビツェクはピアノぐらいは弾けたのだ。

二人の会話といっても、ヒットラーのほうが口数は多かった。彼はピアノは弾けなくても、音楽を理解しているのは自分のほうが上だと思っている。そしてクビツェクに対しては、自分の考えを熱弁をふるって開陳した。それに対してクビツェクは、いささか辟易しながらそれを聞いていたが、嫌な顔をすることはなかった。ヒットラーの口調は、さらに熱をおびたものになっていく。

音楽といってもヒットラーの好みは、同じドイツ音楽でもワーグナーのものにと片寄っていた。彼はこの町の州立劇場で、彼の歌劇「ローエングリーン」を観て感動している。白鳥の騎士の物語である。ワーグナーの初期のオペラは、メロディも美しくドイツ音楽らしく力強く、ストーリーも分かり易い。

ある冬の日、ヒットラーはクビツェクと一緒に、州立劇場でワーグナーのオペラ「リエンツェ」を観た。これもワーグナーの初期の作品で、上演に六時間もかかるというものだった。十四世紀に、イタリアに実在した政治家コーラ・ディ・リエンツオをモデルにしたオペラである。劇の粗筋は次のとおり。

当時のローマは、貴族による腐敗した政治に、民衆が不満をつのらせていた。そこでリエンツェが、彼らの声に推されて立ち上がったのだ。彼は護民官という、古代ローマ時代からの栄誉ある地位に就き政治の改革を成しとげた。そして民衆に向かっては、声高らかにローマの自由を宣言したのである。

リエンツェは民衆を率いて貴族の軍勢と戦う、そしてそれを討ち破ったのだ。オペラの舞台では、民衆の軍隊が堂々の行進をし、「戦闘の讃歌」が場内を圧して響きわたり、劇はクライマックスに達した。しかし民衆の勢いは永くは続かなかった。彼らの常として、一つの目的が達せられると、その気持は次第に萎えていったのだ。

その機会に貴族側は、教会勢力をも抱きこんで反撃に転じた。すると愚かにも民衆はリエンツェを裏切り、彼とその妹イレーネを窮地に追いこんだのだ。リエンツェはローマのカピトール宮殿前に集まった民衆に対して、声を振り絞って訴えたが、民衆はそれを妨害して火を放ったのである。猛火の中に宮殿の塔が崩れ落ちると、リエンツェと妹のイレーネは、その下敷きとなって絶命する。

あと一時間で、翌日になろうとする時刻だった。ヒットラーはクビツェクとともに劇場を出ると、一言も口をきかずに歩いた。足はおのずと北に向かった。そしてドナウ川に架かる橋を渡ると、ペストリンクベルクの丘を目指していた。登山電車の線路に沿って歩いたり、またそこから離れた道を通って、やがて教会の立つ頂上にまで達した。

ヒットラーの興奮は醒めることはなく、傍らのクビツェクを振り返り、そして口を開いた。リエンツェ、とかすれた声で呟き、護民官と、声にはならぬ言葉を発した。彼の頭の中では、ワーグナーの音楽がいまだに鳴り響いていた。眼は熱をおびたようにぎらぎらと光り、その興奮状態をどうにも抑えきれずにいきなりクビツェクの両手を掴むと、何度も首を振った。

ヒットラーの熱病は治まらなかった。そして後の、自分はドイツ民族の護民官になるという妄想は、この日以来終生変わることはなかった。それは漠然とした、必ずしも持続的なものではなかったが、後年彼が政治活動に打ちこむようになってからでも、折にふれ、その時の思いを心の中で想い起こしていたのである。護民官という言葉には、政治家を志す者にとっては庶民の味方という、しかも清廉潔白な感じを思わせるものがあるのである。ヒットラーにとってもそれは、魅惑的なものとして彼の脳裏に強く焼きついたのである。

一家がフンボルト通りのアパートに住み始めてから二年が経って、今度はまた引っ越すことになったのだ。これはどうやらヒットラーよりも、母クララの強い希望によるものだった。一口で言えば、そこは住むのにあまり環境がよくないと思ったからである。彼女には若い日にウィーンの金持ちの邸宅にメイドとして働いていた経験から、もう少し静かな、それに多少は上品な家に住みたいという思いがあったのだろう。

新しい住居《すまい》は、ドナウ川の対岸にある、ガッセと呼ばれる小径に面した石造りの美しい建物だった。そこもアパートだったが世帯数の少ない、それに静かな環境にあった。そしてそこの二階が一家の新居になった。今までとは多少は出費の多い生活になる筈だったが、一家にはそれだけの余裕があった。アロイスがそれだけものを残していってくれたからである。

そこでというわけではないが、ヒットラーはクララに、音楽の勉強のためにピアノを買ってくれとせがんだのだ。将来は音楽家になるのだと自分の夢を語ったのだろう。そしてそれがそのとおりになったのだ。クララは彼には甘かった。かって家を飛び出していったアロイス二世の愚痴ではないが、クララはアドルフを溺愛していたのだ。

ところがヒットラーは、狭い部屋にピアノを入れてもらったものの、先生による指導は当然のことながら初歩の運指練習ばかりなので、すぐに飽きてしまった。ところがその恩恵を受けたのは、友人のクビツェクだった。彼はヒットラーの家へ行っては、自宅にはないピアノを熱心に、誰にも遠慮することなく弾けたのである。

結局ヒットラーは、音楽家に向かなかったのだ。しかし一方では、ワーグナーの音楽への傾倒ぶりはますます募っていくばかりだった。だが音楽で身を立てられない以上、彼の次の目標は絵画、つまり具体的には絵描きになるようにと向いていった。そういうこともあって、彼はこのときウィーンへ行ったのだ。

ウィーンはなんといっても芸術の都だ。音楽だけではなく、あらゆる芸術の都でもある。画家になることを希望するなら、ここで勉強するなり修行を積むことだ。それに将来そこで生活をするということになれば、一度はこの地を踏んでおく必要はある。彼はここでもワーグナーの音楽を聴いて、間もなくリンツへ帰ってきたのだ。とそこで、思いもかけないことを妹のパウラから聞かされたのだ。

実は母のクララが、乳癌に侵されていることが分かったのだ。そして今は、ユダヤ人医師のブロッホ博士の治療を受けていることも。ヒットラーは大きな不安に襲われた。ただちにその死を思わないまでも、行くさき、そうならないとも限らない。しかし彼自身、そのために何の方策もとれない。どうしようもない無力感に、彼は茫然とした。

　母の病状はいっこうに良くならない。日に日に悪くなっていくのが分かる。彼はブロッホ博士の診療所を訪れて、どうか良い方法をと頼んだが、ブロッホが首を縦に振ることはなかった。彼は貧乏人の患者をも良く診るということで近所でも評判の医者だったが、どうしようもなかったのだ。

　彼は外から帰ると、恐るおそる玄関のドアを開けた。中からヨードホルムの強い匂いがして、胸が押し潰されそうな心地だった。しかし母が窓辺に向かって座っているのを見て、まずはほっとした。だがそんなことは何の慰めにもならなかった。癌の進行は思いのほか早く、遂にその日が来た。

ヒットラーの両親の墓（著者撮影）

　一九〇七年十二月二十一日、クララは死んだ。四十七年の生涯の終わりだった。ヒットラーはこのとき十八歳。思いがけなくも早い母との別れだった。のちにブロッホが語ったように、彼の落胆ぶりと悲しみは、見る者をして涙を誘うものだった。このあと亡骸はレオンディングの教会に運ばれ、ミサののちにそこの墓地に埋葬されたのだ。クララは、夫とは五年ぶりの再会となった。

翌日、ヒットラーはブロッホ博士を訪ねた。そして今までの治療代を支払い、丁寧に礼を述べた。彼は母への処置には感謝していた。その治療方法には必ずしも満足していなかったが、癌という病気には医者も勝てなかったのだ。ブロッホ博士は、出来るだけのことをしてくれたのだ。彼はそう思うことで自らを納得させた。

後年ブロッホ博士は、ユダヤ人ということで国外追放を命じられることになる。国の方針ということであれば、ヒットラー自身もそれを曲げることもできなかったのだ。しかし彼は、この恩人に対しては出来るだけのことをした。博士はスイスに亡命することになった。ヒットラーはそのとき、親衛隊の将校を遣わして、彼を鄭重に扱って国境の向こう側に送り届けたのである。彼は他人《ひと》から受けた恩は忘れなかったのだ。


やがてヒットラーは、リンツを後にすることになる。この頃は父アロイスが亡くなったあとの、一家がたしかな絆で結びついていたひと時だった。ヒットラーにとって姉のアンゲラは結婚したもののリンツの市内に居たし、妹のパウラは心の優しい少女になっていた。それにクララの妹もその輪の中にあって、何くれとなく家族の世話をやいてくれていたのだった。短い期間だったが、一家はささやかな家族愛の中に生活していたのだ。

そのリンツでは、ヒットラーにとってはも一つの想い出があった。それは彼が、ある女性に対して熱烈に恋心をかきたてたという物語である。或る日ある時、クビツェクとラントシュトラーセを歩いている途中で、彼はその若い女性が母親と連れ立って歩いているのとすれ違ったのだ。長身で金髪を束ねたその美しさに、ヒットラーはいっぺんに彼女の虜になった。そしてこれが、自分が追い求めていた恋人なのだと、一方的に決めつけたのである。

彼は一夜にして彼女に捧げる手紙を書いた。しかし彼女からは何の反応もなかった。その後彼はもう一度、ラントシュトラーセで二人とすれ違ったが、それが最後だった。ヒットラーはそれ以来、二度と母娘《おやこ》の姿を見ることはなかった。はかない夢の終わりだった。

ところがこれには後日談がある。その女性の名をシュテファーニというが、彼女はヒットラーに見初められた二年後に、陸軍の将校と結婚したのだ。しかしその夫は戦争で死に、彼女は未亡人となった。そして後にリンツのことを回想している話の中で、ある青年から受け取った手紙のことははっきりと覚えていると告白したのだ。だが結局、それだけの話だった。なんとももどかしい、ヒットラーの愛の告白劇の終わりだった。ヒットラーは死の間際まで、女性対してはいつもぎこちないところがあったのだ。愛人のエファに対しても。

前にも述べたとおり、リンツはもともとオーストリアの中にあっては保守的な処である。しかし民族的な団体の示威運動などが時としてあったとしても、それほど激しいものはなかった。

そうした雰囲気の中にあって、ヒットラーは何かを感じることがあっただろうか。少年から青年期にと成長していく過程の中にあって、彼はまだそこに自分の意志を表すことなど出来なかったと思う。それに元オーストリア政府の下級官僚だった父アロイスにしても、政治的な考えを、自分の息子に押しつけることなどしなかったのだ。

ところがここに、一人の特異な人物がヒットラーの前に現れた。その名をレオポルド・ペーチュという。彼は中学校の教師で、しかも歴史教師としてヒットラーたち少年の前に立ったのだ。そして歴史の授業の一環として、ドイツ人としての愛国思想を説いたのだ。少年たちにとっては難しい話だった。彼らはどれだけのことを理解できたか。しかしヒットラー少年は、その熱弁に少なからず興奮して聴いていたのだ。後年そのことが、どれだけ彼の脳裏に残っていたのか。

このレオポルド・ペーチュは、当時大きな版図をもっていたオーストリア・ハンガリー君主国の南端にある、ボスニアの出身者である。そこはドイツ人が支配するところでもあったが、スラブ人の居住地域でもあったのだ。隣国との国境近くに住む人間は、ともすればそこに強く感じるものがある。彼の場合それが、ドイツ国家主義者へと変貌していったのだ。後日、第一次世界大戦でオーストリアやドイツが敗北したとき、彼の生地マリボールはボスニア領となり、現在はスロベニア領となっている。オーストリアとの国境から、二十キロほどの処にある。戦争は国境を目まぐるしく変える。

ヒットラーにとって、夢多き青春時代はここに終わった。母の死はあったものの、リンツでのこの時代が、彼にとっては最も充ちたりた日々だったのだ。

第二章　苦難のウィーン時代

芸術への夢と挫折

一九〇八年二月、ヒットラーは再びウィーンに向かった。リンツから三度目の訪れだったが、今度はそこで生活するという覚悟をしていた。いつまでという計画はない。ともかくも、自分がもっている希望がかなえられるという漠然とした気持からだった。そこに芸術家としての成功を夢見ていたのだ。このとき十九歳になっていた。リンツのときの若々しさはすでに失っていた。

この当時、オーストリアを取り巻く世界はどのような状況下にあったのか。まずヨーロッパには、イギリス王国、フランス王国、エスパニア王国（スペイン）、ロシア帝国などの大国が、大きく領土を占有していた。もちろんオーストリアも、それらの国々に負けないくらいの領土をもっていた。ただ隣国ドイツでは、多くの王国や公国が分裂して犇《ひし》めき合っていた。その中でも大きなのが北のプロシャ王国と南のバイエルン王国だった。それぞれベルリンとミュンヘンを首都とする。

そうした列強の中にあって、際立っていたのがイギリスである。海洋国の利を活かして海外に進出し、多くの国を植民地化し、そこの財貨や資源を略奪して本国に巨大な富をもたらしたのである。さらにアフリカの黒人を奴隷として商品化し、およそ人間としてやることではないことを国家国民として励行したのである。これはアングロサクソン民族の特質なのか。しかし人類の歴史においては、奴隷制度は古くからあったことは、これまた確かなのだ。

一方、東洋では鎖国を解き開国して三十年しか経っていない小国日本が、シナ（中国）の満州の地において、大国ロシアと戦争状態となりこれに勝利したのだ（一九〇四-〇五）。これには世界じゅうが驚いた。信じられないことが起こったのだ。しかもロシアでは、これが契機の一つとなって激しい革命運動が起こったのだ。これを「血の日曜日」という。一九〇五年のことである。

それより前一八八一年に、ロシアで或る事件が勃発した。皇帝アレクサンドル二世が暗殺されたのだ。彼はニコライ一世の跡を継いで皇帝の座に就き、農奴解放などの施策を積極的に行った。しかしロシア国民の間からは、依然として農奴制の完全廃止などの声が高まり、それがツァーリズムの打倒という運動にまで発展していったのだ。事件はその最中に起きた。犯人は「人民主義」を標榜する集団の男だった。

ところがそれを切っ掛けとして起こったのが、反ユダヤ人運動だった。しかしこれは運動というようなものではなく、一般民衆によるユダヤ人に対する掠奪や虐殺という過激なものだった。そして民衆のこうした行動の背後には、それを唆《そそのか》す或る組織があったのだ。だいいちにロシア政府そのものであり、次には各種の反ユダヤ人団体。さらにこの頃高まりつつあった、一般民衆による革命的気運を増長させるための運動を行っている幾つかの団体。それらが一致して反ユダヤ人行動に走ったのである。ここまでくると、もう止めようがなかったのだ。

当時ロシア圏の中でも、ウクライナには特に多くのユダヤ人が住んでいた。一七七二年にポーランド王国の解体が始まり、その領土がプロイセン、オーストリア、ロシアにと分割されると、ポーランドにいたユダヤ人の多くが流入してきたからである。するとそこで、地元の住民との軋轢《あつれき》が生じた。ユダヤ人は、決して先住民とは融和しなかったからである。そして中には狡猾な商取り引きなどによって財を成す者たちが目立った。このようなことで、先住民には溜まりにたまった不満があった。それがいっきに爆発したのである。

ウクライナのみならず、ロシア領内の周りの住民がいっせいにユダヤ人に襲いかかると、彼らはようやく身の危険を感じ、自分たちにはもはやこの地に生存の余地がないことを知った。そして住み慣れた土地を離れ、他国への亡命へと去っていたのである。このときロシア圏だけでなく、ルーマニアやハンガリーに住んでいたユダヤ人も、同じような運命を辿っていったのである。その数、何十万人か。彼らの行く先は、アメリカやカナダのほかに、ドイツを始めヨーロッパの各地にと分散していったのである。これがユダヤ人の宿命なのか。不幸を抱えた民族である。

ヒットラーのウィーン市民としての住居は、シュトゥンバーガッセ二十九番地にある共同住宅の三階と決まった。そこはリンツから汽車で到着した西駅からは、一キロ足らずの処にあった。彼はやはり田舎者だった。リンツからの終着駅である西駅からは、あまり遠くへ行きたくなかったのだ。

やっとウィーンの地に落ちついた彼は、夢多き青年だった。まず芸術家志望の第一歩として絵画の勉強を始めること。それに音楽を聴き、ワーグナーのオペラを見飽きるほどに、十分に堪能すること。また彼の好きな歴史的な建造物の写生などと、大いに胸が膨らんだのである。しかしそのためには、その内なる気持を吐露する相手が欲しかった。そこですぐに思いついたのが、リンツに残っているクビツェクをウィーンに呼び寄せることだった。いい考えだった。

間もなくクビツェクはやってきた。彼もまた、ウィーンで音楽の勉強をしたいと思っていたところだったのだ。二人は狭いアパートで共同生活を始めることになった。互いに不服はなかった。芸術家を夢見る二人は、家の中でも外へ出て行っても、熱ぽっく音楽や絵画について語り合った。

そのうちにクビツェクは、楽器屋からピアノを借りてそれを部屋の中へ入れてしまったのだ。

彼は音楽学校に入ることを目指しており、ピアノはどうしても必要な道具だったのだ。ヒットラーはもうピアノは弾かなかったが文句も言えず、クビツェクがピアノの練習を始めると、彼は仕方なくスケッチブックを持って外へ出ていった。

やがてクビツェクは、音楽学校へ入るための試験を受けそれに合格した。彼にはもともとそうした素養があり、音楽家としての第一歩を踏み出すことができたのだ。ヒットラーは内心、先を越されたと思った。しかし彼は慌てなかった。自分には自分の目的があると思ったからだ。前にウィーンへ来たときに、ウィーン造形美術アカデミーを受験したことがあったが、それは失敗した。しかし今また、そこへの受験を考えていたのだ。

七月になると、クビツェクは夏休みをとってリンツへ帰っていった。その間に、ヒットラーは猛然と自分の仕事を始めた。昼間は外へ出てスケッチをし、夜は遅くまで絵の修正をした。その頃になると、彼の気持ちの中で或る変化が現れ始めた。リンツからウィーンに出てきた頃には、一途に画家になることを夢見ていた。しかしこの頃では、画家になるよりは、自分は建築家に向いているのだと思うようになったのだ。

ウィーンでの生活を始めてから間もなく、彼は精力的に市内を歩き回った。そしてそこにある多くの建築物を目の当たりにして、その壮大さと厳粛さに感動して、いつまでもそこに立ちつくした。そこには絵画とはまた違った芸術があった。もちろん音楽とも異なるものだったが、空間の拡がりということでは、たとえば大作曲家の宗教音楽や交響曲とどこか似ているのではないかと彼は思ったのだ。そのとき彼は、自分の第一志望を建築家になると決めたのである。

この頃のウィーンは、市街地の再開発により大きく変貌していた。それはまず第一に、市を取り囲んでいた長大な城壁が取り壊されたところから始まる。これまでウィーンに限らずヨーロッパの都市は、その市街地は高い城壁によって囲まれていたのである。外敵の襲来に備えていたのである。しかしこの時代になると、それはもう無用の長物だった。そこで皇帝フランツ・ヨーゼフ一世は、その取り壊しを命じ、それが実行されたのだ。

いまそこは広い道路となり、リンクと呼ばれている。そしてその周辺には新しい建物が次々と造られた。議事堂や美術史博物館、自然史博物館などである。一連の工事は一九世紀の中頃から始まり、ヒットラーがウィーンへ来た頃にはその殆どが完成されていた。そして町の中央には、聖シュテファン教会が他を圧して聳え立っていたのだ。

ヒットラーはそれらの建造物を、興奮しながら写生した。いまはただそれを描いているだけだが、やがて自分は、自分で引いた設計図をもとにして、壮大な建造物を建てるのだという夢を膨らませながら描いていたのだ。そしてもう一度、造形美術アカデミーに受験することを決めたのだ。

試験は夏が終わった九月中に行われ、ヒットラーは自作をアカデミーに持ちこんだ。ところが審査の目は厳しく、その作品は前回のものより悪いと評され、入学試験を受けることはできないと告げられたのである。ヒットラーの落胆は大きかった。彼は憤懣やるかたない気持ちでその場を去った。彼のウィーンそのものへの憎悪の情は、そのときから激しくつのっていく。

一方、そのことがあった九月の終わり頃には、リンツからクビツェクが戻ってくる筈だった。ところが彼からの連絡で、自分はリンツにおいて、徴兵を前提としての軍事訓練に狩り出されてしまったというのである。期間は八週間で、彼はオーストリア陸軍の新兵のそのまた補充兵になったのだ。チェコ人だったが、オーストリア国籍である以上、その義務を免れることはできなかった。

ヒットラーはクビツェクからのその手紙を見て苦虫を噛みつぶした。来年は自分もクビツェクと同じ年になる。いきなり徴兵ということはないにしても、短期間の軍事訓練ぐらいには引っ張り出されるだろう。今までにそんなことは思ったこともなく、急にうろたえた気持に襲われた。

だがいずれにしても、間もなくクビツェクは戻ってくる。今になってヒットラーは、彼には会いたくなかった。そこで彼は一人で引っ越した。行き先については家主にも告げず、またクビツェクに対しては書き置きもしなかった。その様子は、まるで逃げるようにしてだった。たしかにクビツェクへのきまりの悪さと同時に、リンツの役所に対しては、自分の所在を知られることへの怖れからだったのだ。しかし次の住居《すまい》はそんなに遠くへではなく、西駅のすぐ近くのアパートにと決めたのだ。

ヒットラーには、今さらリンツへ帰る気など毛頭なかった。アカデミーへ入れなかった挫折感はあっても、ウィーンには観るもの聴くものが多くあった。それはリンツの比ではない。いま自分が成長していく過程にあって、そこから吸収するものが無限にあると思った。それにこれからの生活を考えると、何らかの仕事に就かないと食っていけないという切実な問題もある。リンツではそれができない。

この頃彼は、叔母のヨハンナを頼って、一度シュピタール村に行ったことがある。彼女は姉のクララが死んだあとそこに戻り、残されたヒットラー一家の財産を管理していたのだ。彼女は甥のヒットラーを慈《いつく》しんでいたから、その中からなにがしかの小遣いを与え、ついでに妹のパウラの面倒を見るようにと諭したのだ。彼には耳の痛い話だった。しかしここから、ヒットラーのウィーンでの窮乏生活が始まる。

政治への目覚め

ヒットラーは落ち着かなかった。それが性来のものかもしれない。ウィーンへ来て二度目の引っ越し先に十か月ほどいたあと、またそこを出たのだ。今度の処はやはり西駅近くの、ゼックスハウザー通りの、一階が商店になっている雑居ビルだった。何のことはない。ただ西駅の周りをうろうろしているだけだった。どうしてこんなに落ち着きがないのだろう。

アカデミーへ入学できなかったという、精神的な不安定さがあったのか。それともう一つは、クビツェクのように、自分のところにもリンツの役所から兵役に就くようにとの通知書がくるのではないかという不安めいたものがあったのもたしかだろう。また次には食べていくことへの心配だ。これはどうしても職に就くか、自分で何かを始めなければならないという切羽つまったものだった。

ウィーンの国会議事堂（著者撮影）

そんなとき彼は、オーストリアの国会議事堂に足を向けていた。西駅からは四キロほどの、オペラ座の近くのリンクの外側にある。これも一八〇〇年代の末に、城壁を取り壊したあとに造られた立派なものだ。左右に長いギリシャ神殿風の建物は、まるで白鳥が翼を拡げたように、優雅で他を圧するように建っている。
ヒットラーはその議事堂の中に足を踏み入れた。こういう処へ入るのは、生まれて始めてのことだ。そしてその中に入ると、国会はまさに開会中だったのだ。彼は二階の傍聴席に腰をおろした。やがて議会は開会された。この日は経済問題が討議されることになっていた。

やがて議長の指名により登壇した議員が、突然声を張り上げて演説を始めた。とその瞬間、ヒットラーは思わず耳を疑った。そして呆然としてその男を見つめた。議員が喋っている言葉がドイツ語ではなかったのだ。彼には通じないチェコ語だったのだ。信じられないことである。この異常な事態に、彼は戸惑いとともに思わず大きな憤りを感じたのである。

ヒットラーがこの日見たのは、オーストリア・ハンガリー帝国の内の、オーストリア側の議会である。そうであるならそこでの演説は、当然ドイツ語でなされるものと思っていた。ところが登壇した議員が突然チェコ語を発するにおよんで、彼はこの国がゲルマン民族の国家でないことを思い知らされた。この突然の衝撃は大きく、ヒットラーはその日から、芸術的なものよりも政治的なものへと、考えを変えていったのである。のちになって思うと、それは彼の人生にとっての大きな転換期となったのである。

次の日、彼はオペラ座の界隈を徘徊していた。そして、とあるカフェに入った。そこには新聞や雑誌などが多くおいてあり、しかもドイツ語のほかにフランス語や英語、それにチェコ語などのものもあった。まさにウィーンは国際都市だった。ヒットラーはその雰囲気に、今までとは別の世界を見る思いだった。さらに彼は、政治的なより多くの知識を得るために、図書館へも通うようになったのだ。

数日後、彼はふたたび国会議事堂に向かった。前回よりは落ちついた気分だった。そして改めて、オーストリアが多民族国家であることを認識したのだ。議員の演説がチェコ語で行われるからといって、感情的になることは間違っていると思ったのだ。ただ彼は、そこで繰り拡げられている議長や議員たちの、無気力で怠惰にさえ見える態度と雰囲気には、憤ることも忘れてその場を立ち去ったのだ。

議事堂から立ち去ったヒットラーは、自分が生まれ育ったオーストリア国家とは、どんな国かと深く考え始めた。その実態は、彼が思ってもいないことだ。いちばん驚いたのは、じつはこの国土に、ドイツ人は三十五パーセントしか住んでいないということ。つまりスラブ系の人間が圧倒的に多かったのだ。オーストリアはドイツ人の国家でないことが、彼によっても確かめられたのだ。ただ上層階級というか指導者層はドイツ人が占めていたので、辛うじてドイツ語を公用語とする国家という面目は保っていたのだ。

一九〇八年という年は、皇帝フランツ・ヨーゼフが即位してから六十周年に当たる。そこでそれを祝う催しが方々で行われた。皇帝自身もあの長身を、白い上着と赤いズボンの軍服で身を固め、その会場に機嫌よく姿を現した。国民はその姿を、歓呼して迎えたのである。ところがそんな熱気も長くは続かなかった。この頃国民の生活は、徐々に苦しさを増していった。彼らは貧困にあえいでいたのだ。

そうした社会不安は、やがて労働者や庶民の間に、帝政の否定という不満を抱えこむことになるのだが、一方ではこの頃ウィーンでは、もう一つの現象が大きな社会問題となって、それが燻《くすぶ》り続けていたのである。国内のユダヤ人にまつわる数々の事件や運動が、次第に顕著になりつつあったのだ。

ウィーンは反ユダヤの風潮

ユダヤ民族とは、いったい何者なのか。また彼らが信仰するユダヤ教とは、どんな宗教なのか。さらに彼らに対する他民族からの差別と迫害の事実とその歴史について、世人はどれほど理解しているのかと考えるとき、これはよほどの識者でない限り、確かに識ることなど殆ど出来ないと思われる。そこで、ここでは彼らの流浪の歴史と、過去におけるユダヤ教徒とキリスト教徒との抗争などについてはあえて割愛し、そのかわり当時のウィーンにおける、ユダヤ人問題と言われる幾つかの事象について述べることにする。

この頃オーストリアは、新興国プロイセン（ドイツ）との戦争の敗北などにより、国力は次第に衰退に向かっていた。そこで民主主義という、自由主義的な風潮が社会全般に拡がっていった。そしてその恩恵を最も受けたのがユダヤ人だったのだ。彼らはその際、持っている才能を大いに発揮して、あらゆる分野に進出した。その点では彼らは優秀な民族だったといえる。そして中でも商取り引きなど、経済的行為などによる巧みな富の蓄積は社会や政界の一部をも支配するようになった。

ところが、こうした事態に庶民の中からようやくユダヤ人の動きに警戒心をもつようになり、そこで立ち上がったのがドイツ系住民だった。彼らによる反ユダヤ運動は、単にドイツ系の住民だけではなく、古くからヨーロッパの全域に拡がっていた反ユダヤ感情とも結びついて、次第に大きなものになっていったのだ。

ウィーンで起こった反ユダヤ運動は、一八八〇年代になるとユダヤ人商人へのボイコット運動となり、その風潮は一段と激しいものになっていった。さらにその火に油を注いだのが、一八九〇年にウィーン市長のカール・ルエガーが行った、ユダヤ人排斥の演説である。これは、とかくユダヤ人擁護派と見られていた皇帝フランツ・ヨーゼフのお膝元で行われたものだけに、非常に大きな反響を呼んだのだ。

彼はこう訴えた。すなわち「穀物取引がすべてユダヤ人の支配下にあること。動産や不動産の利益が、すべてユダヤ人の手に落ちること。五十パーセントを越す弁護士がユダヤ人であること。医者の大部分がユダヤ人であること。これらのすべてのことに、キリスト教徒は満足して黙っているのか」と。この演説のように、ユダヤ人問題はより険悪なものになっていったのだ。

一方芸術の分野、なかでも音楽関係者の間でもユダヤ人とドイツ人の対立があった。楽劇「ニュルンベルクの名歌手」などの作品で知られるワーグナーは、大のユダヤ人嫌いということで、つとに知られているところである。一八八三年に彼が死ぬと、その追悼集会がウィーンで開かれた。それがまた、激しい反ユダヤ集会になったのである。この頃の民衆が、何かにつけて反ユダヤの声をあげる一つの例といえる。

これに対してユダヤ人側では、二人の音楽家がいた。一人はエドゥアルト・ハンスリックという音楽評論家で、彼はその著書の中でワーグナーを厳しく批判している。彼はワーグナーの管弦楽の響きの中に、ゲルマン民族の血を湧きたたせる、特異な作曲技法があるのをみてとったのだ。これはユダヤ人にっては、見過ごすことのできないものだった。この音楽がドイツのみならず、ヨーロッパ全域に拡がることになれば、ドイツだけではなくヨーロッパ全体に反ユダヤ感情を蔓延させることになると予感したのだ。彼はそれに脅えた。

さらにもう一人のユダヤ人音楽家がいた。グスタフ・マーラーである。彼は永い間ウィーンのオペラ座の指揮者を勤めていた。その功績は認めなければならない。そのマーラーが、後年ベートーヴェンについて語っているのだ。主に交響曲作品を書いてきた彼には、作曲家としての自信があったのだろう。そこで自分の本音を吐露したのだ。「四十年後にはベートーヴェンの音楽は演奏されなくなり、かわって私の曲が演奏されるのだ」と。

音楽家としてベートーヴェンを否定するこの言葉には、相当に激しいものが感じられる。これはユダヤ人として、ドイツ人であるベートーヴェンに対する挑戦だったのだ。ベートーヴェンがもしユダヤ人だったら、そうは言わなかっただろう。しかしマーラーは、ドイツ人であるベートーヴェンには人知れず嫉妬をし、そして敵愾心を燃やし続けていたのである。ユダヤ人対ドイツ人、またヨーロッパ人との関係はこんなところにも現れている。

ヒットラーが、一八七〇年以降にこの国で起こった、反ユダヤ運動のすべてを知っていたということではない。彼のユダヤ人に対する意識はまだ薄かった。リンツにもユダヤ人はいたがそれも目立たなかったし、ブロッホのような人物は、彼にとっては恩人であり好意がもてる人びとだった。町なかにいるユダヤ人も、他のドイツ人と同じような小父さんであり、小母さんだったのだ。

ところがそんな或る日、ヒットラーは前にも行ったことがある、オペラ座の裏側にあるカフェに入った。新聞や雑誌など、外国語のものも置いてある店だ。そこで彼が手にしたのは、「オスタラ」という、表紙もどこかいかがわしさが見られる雑誌だった。オカルトを正面から取り上げたり、エロティシズムで人びとの興味を惹いたりと、とにかくつねに煽情的な記事を読者に提供しているのである。

しかしそういう雑誌ではあったが、そこにははっきりとした編集方針があったのだ。この雑誌を創刊したのがランツ・フォン・リーベンフェルスという人物で、彼は神秘理論家という肩書をもっていた。そしてその説くところは、一口で言うとアーリア民族によるユダヤ人排除というものだった。

ヒットラーは好奇心をもってその記事を読んだ。そしてそこから受ける印象は、たんなる好奇心から、ユダヤ人に対する強い怖れへと変わっていったのである。ユダヤ人がこのオーストリアやウィーンのみならず、全ヨーロッパで行ったり計画していることが、その国の他民族を浸蝕しさらに破壊し、そして支配するに至るのだということがその雑誌では情熱的に語られていた。そのうえ彼にとってはユダヤ人の芸術の分野における進出ぶりは、見過ごすことのできない腹立たしい現象だった。

カフェを出ると、ヒットラーはその足で図書館に向かった。リンツにいた時にも、成人教育図書館などの会員になって、本を読んでいた。しかしこの時からは、前よりも一層、あらゆる分野のものをむさぼるようにして読み始めたのである。芸術、政治、歴史、軍事のほかに、もちろんユダヤ人関係のものもある。政治的なもの、社会的なものに対する彼の思考は、次第に変わりつつあったのである。

放浪の日々

生活が苦しいからといって、彼は労働者のように働くつもりはなかった。自分は彼らと同じではないという意識があったからだ。ウィーンへ出てきて、ヒットラーは初めて大衆というものを知った。それは群衆とは違って、社会の中で時により最低限の組織的な行動のとれる人びとのことを言う。だが最低というのは、あくまでも社会の最低の位置にあるということであって、彼らが直接政権を担うということはない。ヒットラーはそういう意味で、労働者大衆の中に入ることを拒んだのである。自分はもっと上の処にあると思ったからだ。

とはいえ、彼は食っていくためには仕事を見つけて、金を稼がなければならない。金が無くては市電にも乗れない。もちろんオペラなど観ることもできない。空腹は辛い。そのためにとにかく金が欲しい。彼は近くの西駅へ行って、列車から降りてくる旅行客のカバンを運ぶ仕事をやってみたが、そんな稼ぎではたかがしれている。

そしてこの時には、もう一つの不安が彼につきまとっていた。それは政府から、自分宛に徴兵の令状がくるのではないかということだった。チェコ人のクビツェクにも来たのだから、これはもう間違いない。そのためもあって、彼はこの時までに住所を転々としていたのだ。初めウィーンへ来たときには、西駅の近くのアパートに住んだ。しかしそこは、クビツェクがリンツへ帰ったのを機に出てしまった。

その次は、西駅のプラットホームを上から眺めることができる、フェルバ通りのアパート。しかしそこは十か月間しかいなかった。そして今度は、西駅の南側に位置しているゼックスハウザー通りにある、一階が商店になっている雑居ビル。ところがそこには、わずか二か月しかいなかったのだ。ここまでくれば、彼の精神状態はもう普通ではなかった。まさに貧困と徴兵令状に苛まされている感じである。

こうなったら次はどこへ行くのだ。物心両面で極限状態にある彼が行きつく処などあるのか。ところが今度の場所は、今までとはまったく方角の違う市の北部。ドナウ運河に近い、ジーモン記念小路に面したアパートだった。表通りから一本中に入った、近くにはリヒテンシュタイン公園もある、静かな雰囲気の住宅地だ。しかしまたもや彼は、ここにも二か月ほどしか住んでいなかった。家賃が高かったのだろう。

ヒットラーが寄宿したマイトリングの浮浪者収容所（著者撮影）

ヒットラーはいまや、貧困のどん底にあった。自分の才能を活かして絵はがきのような絵を描きそれを売りながら、とにかく生活費だけは稼がなければならない。だからとても、上品な住宅地などには住んでいられなかった。そんなわけで今度は、市の南西部にある、マイトリングの浮浪者収容所に移ったのだ。彼はいよいよ落ちるところまで落ちていった。

そこはもう、ウィーン市の郊外ともいえるところだった。人家も少なく、収容所の裏には墓地があった。その名のとおり浮浪者が入れられる施設で、わずかな食事と薄いスープと、躰を横たえるだけの空間が与えられたのだ。ともかくも、人間が生活するのに、最低の喜捨を受けることができたのだ。

入っているのは、それまで公園のベンチや橋の下で生活していた人びとだったが、もしそこから出ることになったら、また同じ場所に戻ることになるかもしれない。そしてヒットラーもまたその内の一人だったのだ。ところが彼は、ここで相棒のハニッシュという男と知り合うことになる。

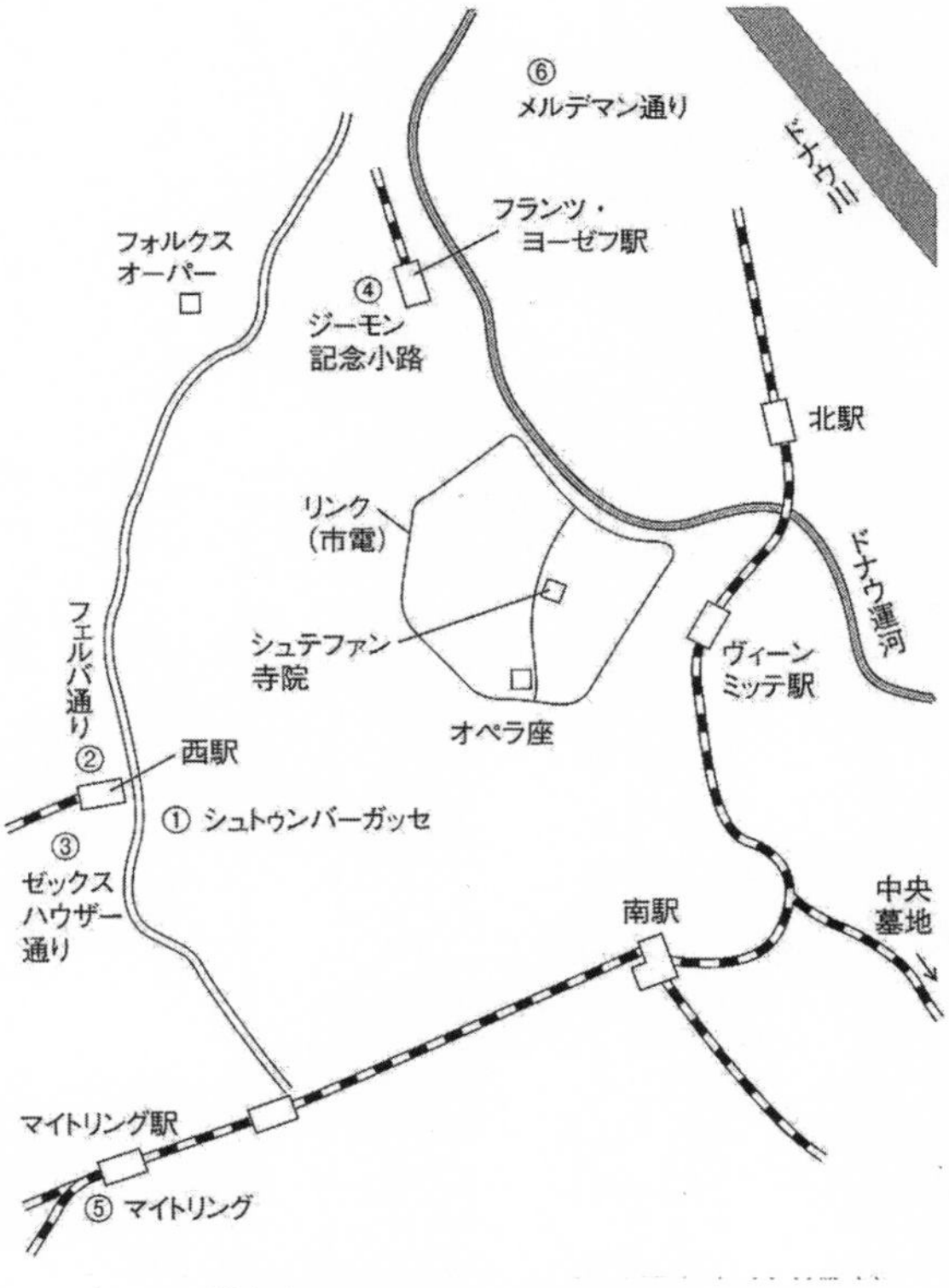

ウィーン滞在中にヒットラーが住んだ場所（○カッコ）

ハニッシュは小才のきいた男で身も軽い。ベルリンにいたこともあり、ドイツのことはよく知っているとヒットラーに吹きこむと、彼はそのままその言うことを信じた。まだ他人《ひと》を疑うことを知らないのだ。そこで彼が描いた絵はがきのような絵を、ハニッシュが外回りをして売り歩くということで話が纏まった。もちろんその手数料はヒットラーが払うということで、これでいくらかの金が彼の懐に入ることになった。

その年のクリスマスを収容所で送ったあと、ヒットラーの許に、シュピタール村のヨハンナ叔母さんから朗報が届いた。なにがしかの金が送られてきたのだ。思いがけないことだった。彼女は姉クララと同じように彼には甘かったのだ。ヒットラーはひと息ついた。そこでこの収容所を出て、少しはましな処に住みたいと思った。

とちょうどその頃、公営の独身者用の合宿所のことが巷で話題になっていたことを、ヒットラーは耳にしたのだ。場所は市の東北部の、メルデマン通りにある五階建ての建物だ。ちょとした簡易ホテルという感じで、もちろんベッドもありシャワーもあるという。彼はヨハンナ叔母さんから貰った金で、そこに入ることに決めた。しかしハニッシュを連れて行くことなどできない。

合宿所はアパートのようなわけにはいかず、狭いことは確かである。しかしそこにはベッドもシャワーもあり暖房もきいていた。そのうえ個人用の小さな部屋、というよりもボックスも与えられ、その中に机もあったのだ。規則は厳しかったが、寝ることも食事をすることも、すべて合宿所の係員がやってくれる。それに机に向かって読書の時間をもてるというのは、ヒットラーにとっては大助かりだった。

そこに入っているのは、下層階級の中でもさらにその下にいる人々だった。しかし妙なことに、ヒットラーはその中にいることに、ある安心感をもつようになっていた。不平や愚痴をこぼす彼らの夕食後の集いは、彼にとっては見下げたものだった。しかし男たちの会話が、こと政治へと向かっていくと、ヒットラーは突然そこへ顔を突っこむのだ。そして彼は自分と意見が違うその男に向かって、猛然と口論をしかける。すると男も反撃する。それに対してヒットラーは、ますます猛り狂ったように反対の演説を始めるのだった。

それはまさに演説だった。相手の男はもう口を挟まない。それどころか周りにいる男たちも、おし黙ったまま彼の顔を見つめるのだ。誰もがその勢いに圧倒されて、ただ驚きながら彼の所信表明に頷くばかりだった。しばしの興奮状態のあとに、演説は終わった。彼はややあって個室に引き上げていく。ヒットラーは後年その演説によって人々の心を惹きつけるのであるが、演説家としての出発点は、ここメルデマン通りの合宿所にあったと言ってよい。

この頃、つまり一九一〇年三月十日のこの日、前のウィーン市長だったカール・ルエガーの葬儀があった。ヒットラーはその葬列を見にいった。ルエガーの柩は市役所を出発するとリンクに出た。そして国会議事堂やオペラ座の前を通り、市の中心部にあるシュテファン寺院に辿りつく。その間、黒ずくめの服を着た万を越える人々の列が彼の柩を見守り、そして従者のように行列のあとに続いた。その無言の、隊列にも似た葬列にヒットラーは感動した。これほどまでにウィーン市民が厚く尊敬するルエガーとは、いったいどんな人物で、また市長としてどんな業績を残したのか。それを振りかえってみる。

カール・ルエガーは前述したとおり、かってユダヤ人に対して、言葉でもって猛烈に攻撃したことで知られている。しかし彼のそういう激しさは言葉だけではない。じつは市長として庶民のために、数々の事業を精力的に行ったのである。その情熱は目を見張るものがあった。

彼は貧しい家庭に生まれた。貴族でも名門の出身でもない。ウィーン大学を卒業してからは政治家を志した。それも民衆の側に立っての。ウィーン市会議員を経て、オーストリア議会議員となって市長になるまでの彼の遍歴には、激しい紆余屈折があった。そして市長になってからでも、その改革への情熱は持ち続けたのだ。

一八九七年に市長になったルエガーのやった事業のうち、その二、三をあげてみる。まず彼は、ウィーン市内に市街電車網を張りめぐらして、線路をいたるところに敷いたのだ。それはシュトラーセという大通りだけではなく、ガッセという狭い小路にもは入りこんで、市民の足として十分にその機能を発揮したのだ。彼らが喜んだのは言うまでもない。

つぎに彼が行ったことは、市街地に明るい街灯、つまりガス灯を多く設置したことである。これで人びとが行き交う夜道も安全になり、夜の犯罪も少しは減った。だいいち、街灯の美しさに市民は喜んだのだ。そして街灯の次は水道だった。庶民の生活にとっては、むしろこのほうが重要だった。ルエガーは水源池の確保と水道管の大々的な延長工事を、後世に亘るまでの遠大な計画を立ててやったのである。

彼はそのほかにも青少年のための教育問題、病院や福祉施設などの充実にと、市民のための施策を次々と行った。この時ウィーンは、ルエガーの情熱的な政治活動によりずいぶんと変わった。それらの諸政策は皇帝や上流階級の人びとのためにではなく、一般市民であるウィーンの市民のために行ったことに、大きな意義があるのだ。一九〇〇年の初頭から、彼が亡くなる一九一〇年頃までのことである。

ルエガーの葬列を見送ったあと、ヒットラーは何を思ったか。皇帝や上流階級の人々のためにではなく、庶民のために情熱を傾けた政治家は、ルエガーが初めてだった。いや彼は、今までにそういう政治家を知らない。ルエガーこそが、ヒットラーの前に立った庶民のための政治を行った人物だったのだ。このとき、彼は思うところがあった。

彼はかってリンツで、ワーグナーの歌劇「リエンツェ」を観て、その感動的な音楽を聴いた。そして自分も、リエンツェと同じように庶民のための護民官になることを、深く心に決意したのだ。そして今また、ウィーンの護民官とも言うべきルエガーのことを知ったのだ。それは夢見るような心地でもあったが、一方では、改めて血の滾《たぎ》りをも感じていたのである。

ヒットラーのウィーンでの生活は、苦難に充ちたものだった。挫折と貧困と。それとたしかに、音楽を始めとする芸術の享受と。しかしもっと現実的なことは、オーストリア政府からの徴兵令の通知への怖れへと。そのために彼は住所を転々としたのだ。それを肯定するしかない。

ただ一方では、彼にはもうこれ以上ウィーンにいても、何も得るものはないという虚脱感があったのも事実である。自分の将来はこんなものではないという不満は、この頃次第に顕著になりつつあったのだ。ではどうするか――。

一九一三年五月、ヒットラーはついにウィーンを去って、ドイツのミュンヘンに向かうことになった。十九歳からの五年間の多感な青年時代を過ごしたその地への別れには想うところもあったが、一方では将来に向けての希望と解放感もまたあったのである。それと、自分はドイツ人だという自意識も。しかしこれはこじつけか。

第三章　世界大戦勃発

ミュンヘンで志願兵となる

一九一三年五月二十五日、ヒットラーはミュンヘン中央のプラット・ホームに降り立った。このとき二十四歳。駅前広場は春の陽光に照らされて眩しく、周囲の建物はウィーンのそれよりも明るい。彼はそれがドイツの色なのだと思った。やっとここに辿りついたのだ。

彼の新しい住居は、市の西部にあるシュライスハイァーシュトラーセ三十四番地の、ポップ洋服店の三階の部屋を借りることになった。居心地はまずまずといったところだ。そう決まると、彼は早速外へ出た。そして二、三日はミュンヘンの町なかを彷徨した。開放された、どことなくのんびりとした気分だった。

この頃のドイツは、まだ完全な統一国家の態をなしておらず、多くの王国から成っていた。ただ普仏戦争（一八七〇－七一）以降のプロシアの伸張は著しく、ベルリンを中心とした王国の領土は、ドイツのほぼ半分を占めるに至っているのである。これに対してミュンヘンを首都とするバイエルン王国も、ドイツの南部の地をかなり領していたが、プロシャの威力には及ばなかった。それに東に隣接するオーストリア帝国の版図は、ドイツの南東部にかなり入りこんでいる。

さらにドイツの北西部には、中小の王国が割拠していて、それらはハンブルクやブレーメン、ハノーファーやナッサウなどを拠点としていたのだ。またこの頃には、チェコ・スロバキアなどという国は世界の地図上にはない。それにワルシャワ大公国から名を変えたポーランド王国などは、ロシアとドイツの間に挟まれて小さくあるだけだった。この頃、オーストリア・ハンガリー帝国は、依然として大きな勢力を周囲の国々に見せつけていたのである。

プロシャのベルリンとバイエルンのミュンヘンでは、気候や風土でかなりの違いがある。それに住民の気質でも、北のベルリンやハンブルクの人びととは、明らかに違うというのだ。彼らと比べると、ミュンヘンの人間はおおらかで親しみやすいという。ということは、北の人間は都会的で南の人間は田舎者ということか。そんなことはないと思う。

ミュンヘンの市街地は、ウィーンと比べるとかなり小さい。というより比較にもならない。しかし宮殿や市役所を中心に、よく纏まっている。町の東側にイザール川が流れている。ウィーンのドナウ川などのように、堤防もなく川幅も狭い。流れは穏やかに水量《みずかさ》は多く、水鳥がのんびりと水浴びをしている、目に優しい風景だ。

イザール川の内側にイザール門があり、そこを潜ると町なかに入る。市役所の前がマリエン広場で、そのすぐ西に二つの塔をもつ聖母教会がある。マリエン広場は、当然人びとが集まり憩う場所でもある。またそこは、若者が突然演説を始める場所でもあるのだ。後年ナチス党がこの地で発祥した所以《ゆえん》がこれで分かる。熱っぽい場所なのだ。

そこから少し北へ行くと、そこにも広場があり、それをオデオン広場という。その広場に面してあるのが将軍廟で、これは一八四四年にルードヴィヒ一世によつて造られたもので、王の権威を示すものである。以後ここではさまざまな行事が行われ、また後年には大事件が起こる場所でもある。

この広場から真っすぐに北に延びるのがルードヴィヒ通りであり、そこに聳え立つのが凱旋門であり、古代ローマ風の様式のものであって、いずれもルードヴィヒ一世に関係したものばかりである。当時の王室の権威と実力が偲ばれる雰囲気があちこちにある。そして最後にミュンヘンの中央駅が、市街地の西の端にあることを付け加えておきたい。

以上がミュンヘンの市街地の概略である。少し煩わしく説明したが、ここはヒットラーがこのあと三十年以上にわたって生活し活動する場所なのだから、そうするのがよいと思ったからである。

ミュンヘンでのヒットラーの生活の日々は、自分の将来はきっと開けたものになるという、楽観的な気分にひたったものだった。そして本職の画家になるためにと、スケッチブックを片手に町なかに出て行った。家主の洋服店の主人にも、自分は画家であると自称していた。このように彼は芸術家気どりだったが、それなりの自信はあったのだ。

何日かたって、彼は町の美術アカデミーの会員になりたいと、関係する場所を訪れた。しかしその申し出はあっさりと断わられたのだ。とりつく島もないような返事だった。彼はがっかりした。彼はミュンヘンが、自分に対して多少は好意的であってくれるだろうと期待していたが、現実はそんなに甘くはなかったのだ。

やがて冬が訪れ、なんとなくふさぎこんだ毎日を送っていた頃、ヒットラーは思いもよらぬ突然の来訪者に腰を抜かさんばかりに驚いた。やってきたのは、ミュンヘンの刑事警察の警官だった。彼らはオーストリアのリンツの警察署の依頼により、彼を捕らえてほしいということでやってきたのだ。その理由は、彼が徴兵検査も受けずに逃げ回っているからというのである。彼は国際刑事犯人として手配されていたのだ。

ヒットラーの驚きはひととおりではなかったが、即座に拘引されて、ミュンヘン警察の留置所に放りこまれてしまったのだ。ウィーンにいたときにはうまく逃げおおせていたのが、ミュンヘンへ来てこんなことになるとは、思いもよらなかった。

翌日、彼はオーストリア領事館に連行された。そこでは厳しい取り調べが行われた。ヒットラーはこれに対して、くどくどと弁明した。オーストリアでの徴兵検査忌避の理由は、ウィーンでの苦しい放浪生活のためだと言い訳をしたが、それは通らず結局ミュンヘンからはいちばん近いザルツブルクで徴兵検査を受けることが決まって、やっと釈放されたのだ。

ザルツブルクでの検査の結果、彼は不合格と決まった。これは始めから分かっていたようなもので、ヒットラーは何をやっても不合格になるような男だったのだ。こんなことなら、何もザルツブルクなどと、オーストリア国内で検査をする必要もなかったのだが、そこは役所のすることで、すべては杓子定規に事が運ばれた結果だったのだ。

ただここでは、ヒットラーの身長が百七十五センチあったということが記録されている。写真を見ても、彼は言われているほどには小男ではなかったということがこれで分かった。ヒットラーはほっとしてミュンヘンに帰ってくることができた。一九一四年二月のことである。

その四か月後に、国際的な大事件が発生した。同じ年の六月二十八日、この日は日曜日だった。オーストリア皇太子のフランツ・フェルディナント大公夫婦が、ボスニアの首都サラエボで、セルビア人の青年によって暗殺されたというのである。皇帝フランツ・ヨーゼフの甥に当たる人物だった。

犯人はオーストリア国籍のセルビア人で、まだ十九歳の学生だった。このバルカン半島にある小国ボスニアの歴史は、周りにある他の国と同じように、自国の中に複雑に混じり合った民族の対立を克服したうえに成り立っているために、国家としてはたえず紛争と権力争いに明け暮れていたのだ。そこでは当然大国の干渉を受けやすい。また逆に、時々の為政者は互いに牽制し合うその大国の力を利用したのだ。

この事件の原因は、一九〇八年の、オーストリア・ハンガリー帝国によるボスニア・ヘルツェゴビナの併合に端を発したものだった。すなわち併合によって、国内に相当数を占めるセルビア人が、新しく統治者となったオーストリア政府から差別や迫害を受けていると思い、彼らは抵抗したのだ。そしてそれを支援する国際的な勢力が背後にあったのだ。それがスラヴ系民族の大国ロシアである。

その一か月後、ついにオーストリアがセルビアに宣戦布告した。暗殺犯人の背後にセルビアがあることはたしかだ。それが七月二十八日のことである。さらにオーストリアは、そのまた背後にロシアがあることを十分に意識した。となればロシアとの戦争になることは必定だった。このときオーストリアは、ロシアの軍事力を、はたしてどこまで確かに把握していたのか。その判断に危うさはなかったのか。

一方、ロシアはオーストリア側のこうした動きに対して、全土に総動員令をかけて臨戦態勢に入った。それを察知して、オーストリアの同盟国ドイツが、ロシアに対して宣戦布告した。ドイツとしてはそうせざるを得なかった。そしてこれが皮切りとなった。イギリスとフランスはロシアに味方した。互いに相手国に宣戦布告して、ここに世に言う第一次世界大戦か始まったのである。

八月一日、ベルリンでは皇帝《カイザー》ウィルヘルム二世が、王宮の前に集まった民衆にむかってロシアとの戦争を宣言した。彼は叫んだ。「自分はもはやいかなる党派も、いかなる宗派も知らない。知っているのは、ただただドイツの同胞だけである」と。その言葉に民衆は感激し喚呼の声をあげた。いつの時代も、ドイツ人は演説が好きで、そして演説に弱い。その効き目は十分にあったのだ。

ヒットラーはこのときどうしていたのか。おそらく彼は興奮してただろう。それは周りの民衆も同じだった。人間は戦争と聞くと、麻薬に酔ったようなところがあって、抑えが効かない。しかもヒットラーにとっては、ウィーンからここミュンヘンに来てからの、初めての大きな出来事だ。彼はこのとき、自分はドイツ人だと改めて思ったのか。その興奮が醒めぬままに、市の中央にあるオデオン広場に向かったのだ。

オデオン広場の中央には将軍廟がある。そこは人間の背丈ほどの高さの、ちょうどオペラの舞台のようになっていて、市民は何かあるたびにそこに集まり壇上に立った弁士の演説を聞くのだ。ヒットラーがそこに到着したとき、広場にはすでに多くの群衆が集まり、その立ったままの人びとの肩が触れ合うほどに膨れあがっていた。そしてまさに、壇上では一人の男が群衆に向かって熱弁をふるっていたのだ。

ヒットラーはそういう群衆をかき分けつつ、殆どいちばん前にまで進んで、腕を振り回している弁士を見上げた。そしてその説得力のある言葉に、いちいち頷いた。いまや男たちは、銃を持ち立ち上がろうとその男は訴えている。群衆はそのたびに、賛同のどよめきの声を上げる。ヒットラーも無意識のうちにそうした。

彼は興奮したまま自分の部屋に戻ってくると、バイエルン王ルードヴィヒ三世あてに手紙を書いたのだ。いったいそんなことができるのか。しかしヒットラーに躊躇している暇はなかった。国王だろうと一市民だろうと、国家の一大事のときには、互いにドイツ人としての気持を一つにしなければならない。彼は決して怯むことはなかった。その手紙は、自分を義勇兵としてバイエルンの連隊に入隊させてほしいというものだった。

そして翌日、意外にも彼の許には、政府の内閣官房からの手紙が届いたのだ。これにはヒットラーも驚いた。彼の気持が興奮状態なら、政府の側にもそれに似た精神状態にあったのだ。ヒットラーは震える手で封筒を開けた。入隊許可書だった。彼をバイエルン第十六予備歩兵連隊に入隊させるというものだった。思えばオーストリア政府からの徴兵検査命令に逃げ回っていたのが、ここミュンヘンでは、銃を手にしたこともない男が兵隊に採用されるというのだから、これはまったく異常事態である。何と説明してよいのか。

それから半月ほどが過ぎて、ヒットラーはいよいよバイエルン連隊に入隊することになった。ミュンヘンには国王直轄の連隊がいくつかあって、彼はバイエルン第十六歩兵連隊に配属された。ここに晴れて、願いどおりのドイツ兵になったのだ。連隊は最初の司令官の名を冠して、

第一次世界大戦に従軍したヒットラー（中列右側）

別名「リスト連隊」と呼ばれていた。

戦争はすでに始まっていた。だが銃を持ったこともない新兵をそのまま戦場へ送るわけにもいかず、それから猛訓練が始まった。ヒットラーは、初めて手にした銃にいつまでも見とれた。まるで美術品か骨董品を扱うような手つきで、嬉しそうに笑みを浮かべている彼は、早くも同僚たちの笑い者になっていた。

その後連隊は各地で訓練をかさねた末に、列車でライン川沿いを北上した。目的はベルギーだった。そこからフランスの北部を攻める戦術である。この戦線でドイツ軍は、四十三センチ砲という要塞攻撃用の大砲を持ちだして相手を攻撃したのだ。戦争ではいつも新しい兵器が発明される。

いわゆる西部戦線では、ドイツ軍はやや有利な戦況だったが、ロシアとの東部戦前では最初から防戦一方の状況が続いた。兵力の差が歴然としていたのだ。しかしヒンデンブルク将軍と参謀のルーデンドルフが率いる第八軍が、タンネンベルクでロシア軍に大勝すると、ドイツ軍は辛うじて戦線を支えることができたのである。

東部戦線と西部戦線。戦争を始めるにあたって、ドイツは両面の敵と対峙することになった。一見、きわめて無謀にみえる。しかしドイツの地理的な条件には宿命的なものがあって、つねに東西の大国を敵としてきたのだ。じつはこの戦法は、プロイセンのビスマルク時代に、時の参謀長モルトケが考え出したもので、決して両方の敵と同時に戦うということではない。彼は対フランス戦争に際してこの戦法を用い、ロシア軍と戦うときには、一方のフランス軍に対しては防御だけにとどめ、フランスと戦うときにはロシア軍とは積極的に戦わないというものだった。しかし今次の戦争でそんなことが通用するのか。

ヒットラーたちの部隊は、ベルギー西北部、北海の沿岸に向かった。ところがその前面に現れたのは、イギリスとベルギーの合同軍だった。イギリスは海軍国というだけではなく、強力な陸軍も持っていたのだ。ドイツ軍がそのイギリス軍と最初に遭遇した場所は、イープルという町の郊外の田園地帯だった。見渡すかぎりの平原に山陰一つなく、処どころに背の低い林や森が点在していた。イギリス兵の姿をはっきりと見たわけではなかったが、その前に彼らからの挨拶があった。突然あたりの空気をつんざくような鋭い、ひゅうひゅうという唸り声に似た音をあげた砲弾が、部隊の近くに落ちて爆発したのだ。いよいよ戦争が始まった。ヒットラーはその強烈な印象を、いつまでも忘れることはなかった。

これを切っかけとして、彼らの連隊は戦場の直中《ただなか》に置かれることになった。イギリス軍の砲撃は猛烈だった。、ヒットラーの連隊は、塹壕を掘ってその中に身を伏せるのがやっとである。

それでも何人かの兵隊が砲弾により吹っ飛ばされた。彼にしても生きた心地はなかった。ところがそんななか、ヒットラーは伝令役を命じられ壕を飛び出し、陣地の後方から走りだしたのだ。しかしその瞬間、彼と一緒に走っていた兵隊二人が、砲弾ではなく、機関銃により撃たれて倒れたのである。壕の中にいてもやられる。といって壕の外に走り出しても撃たれるということで、戦争はどこが安全かということを、まったく保証してくれないのだ。

戦闘はますます激しくなっていく。とはいえ平穏な時もあった。そんなときヒットラーは、背嚢の中にしのばせてきた絵を描くときの画板や本を取り出し、スケッチをしたり読書をしたりもした。これはドイツが隣国フランスと戦争をするときの兵隊の軍装の一つなのだ。つまり互いに近い処の戦いなので、兵士には重装備は必要ないというのだ。

彼は戦闘の合い間に、ベルギーの風物をスケッチした。そして一方では本を何冊も持ってきていたので、それを読んだ。その中にショーペンハウエルの本があったのだ。この時代ショーペンハウエルは、ニーチェやワーグナー、それにトルストなどにも大きな影響を与えた哲学者である。ヒットラーはそこに何を感じたか。

彼の説くところは厳しく次のようなもの。すなわち、「人生は、われわれに課せられた厳格な授業とみるべきだ。……幸福な人生などというものはありえない。人間が実現できる最高のもの、それは英雄的人生である。それは公共の利益のために、何らかの活動領域で、休みなく闘うこと。その努力が報われることがなくても、最後には勝利をおさめることのうちにある」

と。

ヒットラーはその言葉を目をつむり、暗誦するように肝に銘じたのである。


ヒットラーにとって戦場での生活は、肉体的なものを別として、それほど耐えられないというものでもなかった。ドイツ人の戦友も、多少彼を変わり者扱いをしたものの、概して好意的だったし、ヒットラーも部隊というグループの中にいることに、ある種の心地よさと連帯感をもっていた。それはあの、ウィーンのメルデアン通りの独身者合宿所の雰囲気に似ていたのだ。

ところがこの塹壕の中でも、時として政治的なことが話題になり、ヒットラーはまたしても自分の意見を熱弁をふるって開陳するのだった。皆は呆気にとられて彼の顔を見つめる。そこには互いに、ドイツ人とオーストリア人という区別はなかった。ショーペンハウエルの著書のせいか分からないが、彼の考え方は、次第に政治的なものへと変わりつつあったのか。

戦争はまだ続いた。双方の攻撃は激しいときもあれば、まったく動きのないときもあった。そんなとき、ヒットラーは敵の砲弾の破片を大腿部に受けた。幸い軽傷ですんだが、その治療のため本国へ送られることになった。そしてベルリンの郊外にあるベーリックの陸軍病院に収容されたのだ。深い森の中にあり、急拵えの、まるで鉄道の客車のような病棟が長ながと続いていた。

ヒットラーは、少しは躰も心も休めることができた。同じドイツといっても、ここベルリンの空気は、たとえ郊外にあるにしてもミュンヘンと違うのを彼は感じた。空も空気も、冷たく澄みわたっていたのだ。傷は破片を摘出したあとは、塗り薬だけですんだ。一九一六年十月の頃のことで、戦争が始まってからすでに二年が経っていた。

戦争は止むどころか、その後は参戦国が増えていく始末だ。中東ではトルコがドイツ側について、イギリスやフランスに敵対する立場をとった。また東洋では日本がいち早くドイツに宣戦布告し、ドイツがシナに租借権をもっていた青島《チンタオ》を占領した。戦争はまさに、世界大戦の様相を呈してきたのだ。世界の歴史をみても、これほどに戦域が拡がったことは、過去になかったことだ。

それに今度の戦争では、たんに戦域が広いというだけではなく、人間を殺傷する兵器が格段に変わったということがある。それを進歩というのか。かってのナポレオン戦争の時代には、騎兵集団とそれに率いられた歩兵の集団が、広い戦域を駆け回ったのだが、百年を経て様相が一変した。

そこで代わりに現れたのが、タンクという怪物である。一口でいうと、自動車の周りを厚い鉄板で囲んで、敵の鉄砲の弾など撥《は》ねのけてしまう頑固なものだ。そして前後の車輪の周りには、キャタピラという鉄の板を繋いだベルトが回転してタンクの本体を動かすという仕掛けになっている。そのタンクが平原に現れると、辺りにある物体に乗り上げ、それをあっという間に押し潰してしまう。人間も機関銃もぺしゃんこになってしまうのだ。

そしてもう一つは大型の大砲の出現である。これはダイナマイトの発明によって、その弾の破壊力は凄まじいものがある。この被害は甚大だった。、そしてさらにもう一つの新しい兵器があった。それは飛行機だ。これはナポレオンも想像できなかっただろう。なにしろ人間が鳥のように空を飛び回るのだ。そして搭載していた爆弾を、手で摑んで地上に投下するのだ。

まだある。ここに兵器ともいえない得体の知れない物体、と言ってよいのか摑みどころのない物質が現れたのだ。毒ガスである。これは目に見えないから、相手には敵対するという意識はない。しかしそれを仕かけられた人間は、空気と同じように、自分の身辺を完全に包みこまれてしまうのだ。それも強い毒性をもって。誰がこんなものを発明したのか。人間の尊厳も何も全く否定する物質は、他人にではなく自分にこそ向けられるべきものだった。


世界大戦は永遠に続くのか。終わりはないのか。ところがこの戦争に参加しそうな国はほぼ出揃ったかにみえたが、じつはそこに顔を出していない大国が一つあったのだ。それはアメリカである。大戦は洋の東西にわたって多くの国が参加していたが、主戦場はヨーロッパ大陸においてである。そうした状況にあってアメリカは、大西洋を隔てて、いわば傍観者の立場にあった。しかしここで、思わぬ大事件が起こったのだ。

一九一五年の五月のこと、イギリスの商船ルシタニア号がニューヨーク港を出港して間もなく、ドイツの潜水艦の攻撃を受けて撃沈させられたのである。そこにはアメリカ人百数十人が乗っていた。ドイツはすでに、無制限潜水艦作戦を宣言していたから、商船であっても敵側のものには容赦しなかった。そのうえルシタニア号は、明らかに軍需品を積んでいたのだ。

アメリカは、このことをきっかけとして、後日ドイツに宣戦布告することになる。ドイツは不覚にも、最後の大国を敵に回してしまうことになる。

一九一六年の二月から九月にかけては、フランスのヴェルダン要塞で、ドイツ、フランス両軍が激突した。この戦いでフランス軍は、名将ペタンが指揮してドイツ軍の猛攻によく耐えた。双方に数十万という犠牲者を出した壮絶な戦いだったが、ドイツ軍はそこを抜くことはできなかったのだ。逆に「ヴェルダンの勝利」としてペタンに名をなさしめた攻防戦だった。

この頃ヒットラーはどうしていたか。ベルリンの陸軍病院で治療していた彼は、傷も癒えてベルギー戦線に戻り、元のバイエルン第十六歩兵連隊に復帰して、フランス戦線に向かったのだ。しかしその部隊は、敵味方が随所で激しい戦いを繰り広げているにもかかわらず、割合い穏やかな気分で塹壕の中にあった。そこでヒットラーは、休暇をとってドイツの東部に旅行することになったのだ。意外とのんびりとしたものだ。

まず彼は、戦友のエルンスト・シュミットの勧めで、彼の姉の住むドレスデンに向かった。シュミットは本職の画家だったので、戦場で周りの景色をスケッチしているヒットラーに対しては、好意を寄せていたのだろう。社会で苦労していたわりには世間知らずのヒットラーに、ウィーンやミュンヘンだけではない、ドイツのほかの都市も見せてやりたいと思ったのだろう。ヒットラーにはそういう人徳もあったのだ。

ドレスデンへの旅行は、まずケルンから始まった。彼はそこで、ライン川の畔に建つ巨大な大聖堂を見ただろう。そのあとワイマールからライプツィヒ、そしてドレスデンへと至る。そのドレスデンでは、ウィーンには無いドイツ的なグロテスクなレジデンツ宮殿を前にして、感じ入ったのだ。

そして最後はベルリンに至る。ここでは戦友の家に二、三日泊めてもらった。ベルリンはドイツの首都だけあって広くて大きい。それに自動車の多さに彼は驚いた。その目まぐるしさはミュンヘンの比ではなかった。彼の視野は少しずつ拡がって、南とはまた違うドイツの一面を見たのだ。

このあと、ヒットラーは再び西部戦線に戻ることになった。戦局は一進一退の膠着状態にあった。しかしこの頃になると、関係各国の国内では或る動きが見られるようになった。一概に反戦運動というようなものではなく、もっと大きなうねりとなって、それが徐々に動き出しているという感じなのだ。しかし第一線にいる兵士たちには、そういうニュースは伝わらない。彼らは相変わらず互いに敵対し、そして生死の間をさまよっていたのだ。

ヒットラーまだ塹壕の中にいた。彼は服務に忠実だった。相変わらず伝令兵だったが、その活躍は上官を始め誰もが認めるところだった。彼は軍隊の中にいることに、自分の適応性を認めていたのだ。それにその集団の中では皆が平等だった。市井においては、会社の役員であったり商人であったり、または農民であったものが、そこでは皆が一兵士として、一つの規律によって同じ行動をとるので、ヒットラーはそれを心地よいものと思っていたのだ。

そんな彼に、第一級鉄十字章が与えられることになった。それは下級兵士が受けることができる最高のもので、彼は感激してそれを服につけた。だいたいがドイツの軍人は勲章好きで、戦争中でもそれを胸や首にぶら下げた。たしかに勲章は名誉を現すものであり、本人にとっては十分に自尊心を満足させるものだった。犯罪人や逃亡兵が勲章をもらうことはないのだ。

そんなときヒットラーは、思いもよらないものに襲われた。イーブル附近の戦闘で、彼は突然毒ガスを浴びて目に激痛を感じたのだ。そして辛うじて自軍の塹壕に飛びこんだ。視力が急に衰えていくのが分かって、不安にうろたえた。このまま失明するのではないかと思うと、絶望感に意識も薄れていった。その後ベルリンの北百キロにある、パーゼヴァルクの陸軍病院に収容されたのだ。兵士としての任務は、ここで終わったのか。

革命によりドイツ帝国亡ぶ

戦争は果たして終息に向かうのか。ヒットラーたちが第一線の塹壕の中で、辛うじて息をひそめている間に、戦争とは別に、そういう状況を終わらせようという動きが確かにあったのだ。それを政治的なものというのか。いやそれとは違う、もっと別の、もっと大きな勢力の動きがあったのだ。そんなとき大きなニュースが飛びこんできた。東部戦線でドイツと戦っていたロシアで、革命が起こったというのだ。一九一七年十一月のことである。

ロシアは一九〇四年から五年にかけての日露戦争のさいにも、戦艦ポチョムキン号の水兵の反乱などがあった。下級の水兵たちだけではなく、国内の民衆の間にも次第に政治や社会に対しての不満が募って、それが爆発したのだ。そのうえ皇室内には、ラスプーチンという修道僧が実権を握り、政治にも口出ししていたのだ。ロマノフ王朝はすでに腐敗していた。そこに革命を促す要素が多分にあった。

そしてここに登場してきたのが、レーニンでありトロツキーという革命家だった。戦争中レーニンはスイスにいて、ロシア国内の状況を分析して作戦を練っていた。革命とか改革の運動というのは、事を急ぐとしばしば失敗することがある。しかも国家体制を根底から覆すとなると、余程慎重に行わなければならない。しかし一方では時機を逸してはならない。レーニンは熟慮に熟慮を重ねた。

それよりも早く、すでにトロツキーはロシア国内での活動を始めていた。彼は民衆を扇動するのが巧みで、それに載せられた彼らは、街頭に出て暴徒化の様相を呈していた。ここまできてレーニンはやっと動き出し、ペトログラードに帰ってきたのだ。いよいよ始まったのだ。

彼はすでにロシア国内で運動を開始していて同志たちと会合すると、全ロシアソヴィエト大会を開催し、その席上人民委員会議長に選出された。ここで事実上革命政権が樹立されたのだ。そこまで決めると、次はトロツキーが、ドイツやオーストリアなどの全交戦国に対して休戦を呼びかけたのだ。思いきったやり方だった。

前線の状況など、ロシア側が優位にあった場所もあったが、、レーニンらは、とにかくドイツと休戦することが第一だという考えからだった。そしてロシア、ドイツ両国の間に、あわただしく休戦が成立したのである。これが一九一七年十二月十五日のことである。

ロシア革命と東部戦線での戦争終結という知らせは、前線の兵士に歓声となって伝えられた。こうなれば、あとは西部戦線での勝利が考えられるだけだ。今まで東部に張りついていた部隊が西部に回されることになれば、ドイツ軍はイギリス、フランス軍に対して、圧倒的に優位に立つはずだからだ。兵隊たちは誰もがそう思った。

ところがここに、また思いがけないニュースが入ってきた。今度はロシアではなく、首都ベルリンからだった。労働者たちが、戦争反対を叫んでストライキに入ったというのである。しかもそういうストライキやデモは、ベルリンだけではなく、ドイツの各地で起こっていたのだ。ベルリンのストライキはよほど大規模なものだったらしく、それは前線にいる兵士たちに衝撃的に伝えられたのだ。

まだ兵隊のままのヒットラーは何を思ったのか。彼はウィーンにいた時でも、デモに参加したことはない。しかし下層階級の庶民というか労働者たちの生活ぶりは知っている。彼自身がそこにいて、彼らと社会や政治について議論をしたこともあった。だからそういう関心がないということではない。むしろその頃から、庶民の貧困ということについては、大いに関心をもっていたのだ。

ロシアの革命と、ドイツ国内における民衆のデモ。それはまさに蜂起の様相を呈していたが、そこにヒットラーは何を感じたか。この戦争が始まったとき、彼は義勇兵としてここまでやってきた。それから三年以上が経っている。その間に彼の処世観や政治に対する考え方が変わってきたのは確かだ。ウィーン時代から本はよく読んでいる。知識も豊富になった。もう一兵士としての考えではない。ようやく社会のことや政治について、思考をめぐらす頃になっていたのだ。

同僚の兵士たちと違って、ヒットラーはもう少し深く思いめぐらすことができた。ベルリンの労働者のストライキが、ロシア革命によって触発されたものであることは、容易に想像できた。しかしそれだけではない。ペトログラードからベルリンまでは地続きだし、距離もそれほど遠くはない。そしてこの頃になって、ドイツ国内で市民の厭戦気分が高まりつつあることも、それとなく伝わってきた。しかしベルリンで何十万もの労働者や市民がストライキやデモに参加するというのは、偶発的なものではなく、そこにはそれを指導するものがいたはずである。

ヒットラーは直感した。ストライキを直接指導した人間ではなく、その背後にいてストライキャデモを計画した男たちのことを。それこそがまさにユダヤ人だったのだ。しかも一人や二人のユダヤ人だけではなく、そこには国際的に組織された多くのユダヤ人が介在していたのである。戦争の最中に、自分たちの国家を転覆させようとするドイツ人などいない。しかしユダヤ人だったらそうするだろう。それを証明するものは何もなかった。だがヒットラーはそう信じた。あの「共産党宣言」を書いたカール・マルクスは、まぎれもなくそのユダヤ人だったのだ。

ユダヤ人は国籍を持たない人間だった。ヒットラーがユダヤ人を考えるとき、まずそう定義づけた。もちろん彼らは、住んでいる国々での法律上の国籍をもっている。しかしそれは、あくまでも便宜上のもので、彼らの心の内にある真の国籍はパレスチナのあの地なのである。それを偽ることはできない。

ヒットラーのユダヤ人に対する思いはさらに拡がる。偽りの気持ちでその国の国籍を得た彼らは、周囲の人びとに対しては善良な市民であることを装わなければならない。しかしそれはあくまでも外面的なものだった。彼がウィーンでの生活を想い起こすまでもなく、善良な市民を装うユダヤ人が、その裏で多くの犯罪を行っていたのだ。それは彼らに、その国に対する忠誠心がないからである。

いまドイツの為政者は、彼らユダヤ人にとっては価値のないものになりつつあった。いやドイツだけではなく、ロシアもそうだったのだ。ヒットラーは、ロシアの革命とベルリンの労働者のストライキの背後には、同じ顔をしたユダヤ人が在ると思った。そして彼らは、ロシアの次にはドイツ国家を転覆させるという野望があるのだと見たのだ。そう考えることは、決して被害妄想によるものではない。彼はそう確信したのだ。

戦争はまだ続いた。東部戦線でのロシアとの休戦協定が成立したにもかかわらず、ドイツは西部戦線で一挙に攻勢に出ることができなかった。またこの頃になって、ドイツやオーストリアが大きく拡げた戦域を、もはや持ちこたえることも不可能になりつつあった。同盟国軍が次つぎと敗退していたのだ。

東方のブルガリアやトルコ、それにバルカン半島でもそうだった。このときベルリンの総司令部では、カイザー、ウィルヘルム二世が、自らヒンデンブルクやルーデンドルフらと作戦を練ったが、今となっては妙案も浮かばなかった。

事態は刻々と変化する。騒然としたベルリン市内にあって、今度はドイツ海軍のキール軍港で水兵が反乱を起こして、集まってきた労働者と一緒になって、出港拒否のデモを行ったのである。そしてそこに碇泊していた軍艦のことごとくに赤旗が掲げられ、革命の一歩が踏み出された。それはまさに、ロシアでの戦艦ポチョムキン号事件そのものだったのだ。

続いてベルリンでは、全市で大規模なゼネストが行われた。帝政はもはや風前の灯の状態にあった。皇帝ウィルヘルム二世の許には、こうした情報が刻々と伝えられた。そして側近たちは、この場では皇帝の退位、帝政の廃止やむなしと進言したのである。

この年の七月には、ロシアの皇帝ニコライ二世が革命派によって処刑されている。今ドイツ市民が、同じような挙に出るとも限らない。そう説得されて、ウィルヘルム二世は自ら退位することを決心した。ここにホーエンツォレルン王朝とドイツ帝国は消滅することになったのだ。

ドイツ軍はまだ西部戦線で戦っていた。フランスやイギリス軍に敗北したわけではない。しかしドイツは、戦争によらず、労働者や下級兵士や一般市民のゼネストにより崩壊したのだ。そして皇帝は退位し、ドイツ軍も連合国側と休戦条約に調印した。このあとウィルヘルム二世は、オランダに亡命することになる。ドイツ帝国終焉の日だった。その後彼は、終生ドイツへ帰ることはなかった。一九一八年十一月十日のことである。

第四章　政治活動を始める

ミュンヘンは混沌として

ドイツ帝国の崩壊とその後の国内の騒擾のいきさつを、ヒットラーは療養先のパーゼヴァルクの病院で知り、その事実にただ茫然とした。神聖ローマ帝国の末裔であるドイツ帝国が、民衆のデモぐらいでこんなに簡単に崩壊するなど、考えてもいなかったことだった。しかしそれが厳然たる事実である。

皇帝の居ないドイツの首相になったのは、フリードリッヒ・エーベルトという男だった。ヒットラーはその名を聞いたこともない。彼は貴族でもなく、軍の将軍でもなく、ただの労働者の出身だった。革命に至る一連の運動を指導したグループの一人だったのだ。ヒットラーはそんな人物が首相になったことに驚いた。こんな男にドイツの国政が任せられるのか。そう思うと、不安とも怒りともつかぬ思いに、何も手につかなかった。

しかしいつまでも茫然としているわけにはいかない。そう思うと、彼の心の内には徐々に湧き上がってくるものがあったのである。そして声もなく呟いた。

（われは護民官になる――）

それは若きあの日に、リンツの劇場でワーグナーのオペラ「リエンツェ」を観たあとに、興奮のおさまらぬうちに決意した言葉だった。いま彼は、それを想い起こしたのだ（われはドイツの護民官になる――）と。

その後ヒットラーはパーゼヴァルクの病院を退院して、ミュンヘンに帰ってきた。四年前に勇躍としてそこを出ていったときと町並みは変わっていなかったが、人混みの中に一歩足を踏み入れたとたん、彼はそこに荒《すさ》んだものを感じた。ドイツの敗戦によって、たしかに人びとの気持も変わっていたのだ。

そのミュンヘンでは世相も政局も混沌としていた。ベルリンと同じようなことが起こっていたのだ。この頃バイエルン王、ヴイッテルスバハ王朝も倒れ、そのあと独立社会民主党の主導者クルト・アイスナーが臨時政権を掌握し、「バイエルン共和国」の創立を宣言していた。彼もユダヤ人だった。

一方その後のベルリンでの政局にはもっと激しいものがあった。ポーランド系ユダヤ人のローザ・ルクセンブルクが、ドイツ共産党を創立させ、一口に革命派と言われていた政党の掲げる思想が、ここに至ってより鮮明になってきたのである。

こんな状況下にあって、ヒットラーはともかくも、バイエルン第二歩兵連隊に戻ることができた。王制が崩壊しても、軍の組織はそのまま残っていたのだ。そこにはまた、政界とは違った組織の強さがあった。組織の実力ともいうべきものか。彼はそのお蔭で、路頭に迷うこともなくその身を拾われたのだ。運がよかったといえる。しかし考えてみると、この混乱した時にあたって、為政者にとってはそういう強固な組織こそ必要だったのだ。

ミュンヘン市内にも、政党ともいえないような市民のグループが作られ、それらの指導者が自らの考えを広場に集まった民衆に向かって訴えた。いずれも自分たちの生活の不満と、方向性のはっきりしない政治に対する不安とで、その演説には或る程度の説得力はあった。しかしそれだけで民衆は納得しない。彼らはもっと具体的なものを求めたのだ。

民衆のそういう不満は、やがて不穏な行動を伴うものになっていった。人びとの考えは過激になっていく。それを象徴する事件が、ベルリンとミュンヘンで起きたのだ。この頃ベルリンでは、さきに結成された共産党が、その動員力にものをいわせて大がかりなデモを企んでいた。そこには労働者のほかに、下級兵士が数万も参加しようとしていたのである。

一九一九年一月五日に、そのデモは始まった。彼らはベルリンの中央部に、その数五十万人という勢いで押し寄せ、主要な建物の占拠に乗りだしたのだ。そして現在のエーベルト政権の打倒を呼びかけたのである。これに対して政府側は迅速に動いた。グスタフ・ノスケという労働者上がりの男に義勇軍を編成させると、一挙にデモ隊に襲いかかったのだ。そこへ今度は正規軍が加わって、デモ隊を攻撃し、これを解散させた。そしてその指導者、すなわち共産党の幹部のいっせい逮捕に乗りだしたのである。

デモを指導したカール・リープヒトや女闘士ローザ・ルクセンブルクは捕らえられ、すぐに殺された。彼らにとっては、ドイツ共産党を創立してから一か月もたたないうちでの惨劇となったのだ。この顚末を見ていた一般のベルリン市民は、政府側のとった措置に拍手を送ったというから、デモ隊の行動は、思いのほか市民の支持を得ていなかったということである。政治も世情も混乱状態の中にあって、このとき市民は、闘争よりも安寧を願っていたのである。

ベルリンでの騒動があった一か月後、今度はミュンヘンでテロが起こった。バイエルン革命政府の首相クルト・アイスナーが、白昼青年将校に暗殺されたのだ。アイスナーは共産主義者だったから、殺害を実行した者のその背後には反動勢力があった。それはたんに一つの政治団体という小さなものではなく、市民感情としてもそれを肯定するものがあったのだ。過激な共産主義政党の台頭やその政策に対しては、多くの市民が危機感をもっていたからである。ベルリンやミュンヘンでは、このあとも行き先が見えない政情不安が続くことになる。

軍隊の中にいながら、ヒットラーの心の内にも強い政治志向が徐々に頭をもたげ始めていた。ミュンヘン市内だけではなく、ベルリンでの騒動のことは、すぐに伝わってきた。政治を語るグループや団体の主張を、漠然とでも知るようになった。しかしその考えに対して、彼は少しも理解できずに、また同感できるものでもなかった。

その後のミュンヘンでは、クルト・アイスナーの暗殺事件の結果、それを実行した右派勢力の思惑に反して、左派勢力が世論の同情をかって、その勢いを大きくしていた。彼らはプロレタリア階級の団結とソヴィエト共和国を宣言するなどして、街頭でのデモを繰り返した。これに対して右派勢力も、ドイツ民族主義や反ユダヤ主義を標榜して対決した。左派対右派の構図が、次第にはっきりとしてきたのだ。

或る日ヒットラーは、上官のカール・マイル大尉に呼ばれた。そしてある重要な任務に就くことを命じられた。この頃バイエルン連隊は、ベルリンの中央政府からの指令により、国防軍の指揮系統の中に入っていた。その上官からの命令である。その命令とは——。

この頃になって、ミュンヘン市内では左翼思想が次第に広まっている。そんな市井の間だけでなく、軍隊の中の兵士の間にもそういう傾向が出始めている。そこでマイル大尉がヒットラーに下した命令とは、まず第一にそれを食い止めるために、そういう兵士を告発すること。次には一般の兵士に対しては、政治思想の啓発のための講習会や演説などを行うことを任務とするというものだった。これは極めて政治的な行動を伴うものだった。

マイル大尉は、何ゆえにそんな重大な任務をヒットラーに命令したのか。しかしこれは、決して彼の唐突な思いつきではない。彼はかねてから、ヒットラーの素養や性格を見込んでいたのだ。それは日頃の彼の言動で分かる。他の兵士とは違うものを見てとっていたのだ。具体的にどうということでもない。上官ならそれが分かるのである。

ヒットラーはその命令を受け、始めは驚いたが、すぐにそのことに大いに興味をもったのである。漠然としていた政治への感じ方が、具体的な行動をとることによって、自分も政治運動に関与できるという期待に胸はふくらんできたのだ。いよいよアドルフ・ヒットラーの登場である。

ヒットラーは早速行動を開始した。二、三人の同僚と組んだグループにより、連隊に所属する幾つかの兵舎を回ったのだ。そこの集会場に兵士を集めての講習会では彼だけではなく、一緒に行った兵士たちも演説した。そこではドイツ民族主義を説き、ユダヤ人排斥を力説したのだ。兵士に向かってはそう説くのは当然だった。共産主義や社会主義的な思想を説明することなど、あるわけがない。

ヒットラーも同じように兵士の前に立った。聴衆は百人ぐらいだった。しかしこれだけ多くの人数を前にしての演説は、生まれて始めてのことだった。彼は思い出した。あのウィーンの独身者合宿所での夜、食後に四、五人の労働者を前にしての小さな演説会を。彼はあのとき、自分が考えていることを、誰はばかることもなく皆に開陳したのだ。あの場ではそれができたのだ。

ところが彼は、今度もまたはからずもその機会を得たのだ。しかもあのときとは比べものにならなくらいの大勢の前で、それをやったのだ。出来映えは上々だと思った。彼は大いに満足した。

演説が終わり、気分がやや鎮まったときに彼は改めて考えてみた。人前で少しも憶することもなく、しかも十分に他人を説得しえたと思う自分の話術に、自分にはこういうことができる才能、つまり大衆に向かっての弁士としての資質があることを、初めて自覚したのだ。これは新しい発見だった。そしてその資質を活かして、これからは政治活動さえ出来るのではないかという考えに浸ったのだ。そういう考えは、決して誇大妄想ではない。

ミュンヘン市内は依然として騒擾の中にあったが、或る意味でそういう現象は、民衆のエネルギーの活発化の現れのようなものだった。不満を叫ぶ声や、時によりデモ行進をする彼らの態度には、どこか明るい快活さが見られるのだ。戦争に敗れた国の民衆の心は、落ち込むばかりではない。こういうところは、もともとミュンヘンの民衆の陽気さからきているのだろうか。たしかにそれはある。

ところがドイツ国家としては、この頃重大な局面に立たされていたのだ。いよいよ今次大戦の戦勝国が、敗戦国のドイツに対して、賠償を始めとする諸問題についての会議を開き、その結論を出すということが決まったのだ。そしてその会議を開く場所は、フランス、パリの郊外にあるヴェルサイユ宮殿で行われることになったのだ。ドイツ政府は、そこで出される結論を怖れをもって見守った。

会議にはアメリカ、イギリス、フランスのほかにイタリアまでが仲間入りしたのだ。またアメリカの大統領ウイルソンを始めとし、イギリスのロイド＝ジョージ、フランスのクレマンソーらの大物政治家が出席した。そして会議は二か月間にわたって行われ、いわゆる「ヴェルサイユ条約」として、関係国によって調印されたのだ。これによりドイツ政府もそれを批准した。一九二〇年一月十日のことである。

この条約は、ドイツにとっては極めて厳しいものになった。まずドイツは、東部と西部の国境地帯において領土の六分の一を割譲することになった。ことにフランスとの国境附近がその中にあることは、今後のドイツ経済にとっては、非常に痛手になることが予想された。

つぎに軍事面では、飛行機と潜水艦の所持が禁止された。さらに兵員の削減も要求された。陸軍は十万、海軍は一万五千と決められた。だがドイツにとってそれ以上に厳しかったのは、財貨と現物による賠償金の支払いだった。この点では戦勝国の間でも立場上の思惑があり、ドイツを追いつめることにより共産主義化を招くのではないかと危惧する意見もあったが、フランスの強硬な主張が通ったのだ。これによりドイツの将来は暗澹たるものになったのである。

対外的な戦後処理が一応解決されると、政府は、今度は国内政治の機構改革に取り組まなければならなかった。それは第一に、新しい憲法を作る必要がある。このため国民議会は、騒然としているベルリンを避け、中部の小都市ワイマールで、憲法草案などを討議することになったのだ。

ドイツはここにいたって「ワイマール憲法」を公布し、政府機関もベルリンからワイマールに移り、世に言う「ワイマール共和国」の発足となったのだ。しかしドイツ国民のうちどれだけの人間が、その憲法を理解し政府を支持しただろうか。ドイツは国家も国民も、前途多難な船出となったのだ。

ナチス党結成

ヒットラーはもはや一兵士ではなかった。上官の命令ではあるが、一般の兵士を啓発し教育するという任務についていたのである。それは彼にとってはただの仕事ではなく、多少なりとも知的で、そしてまったく知的ではない、どこかまやかしの感じがする政治的なものだったのだ。

しかし彼は、そこに或る面白さも感じていた。そして人間集団の一つである民衆というものの性質なり、彼らが時として起こす衝動的な運動というものの本質を知るようになったのである。或る才能をもった指導者なら、民衆の意志を容易に操作できるということを、このとき改めて知ったのだ。

ヒットラーはまた、自分の演説の才能を自覚するようにもなった。兵舎の集会場は広く、自分の声が心地よく響き渡ることに、或る種の快感をもつこともできた。調子はその日によって、良いときとあまり芳しくないときがあった。それに彼は、ややくぐもった自分の声を、美声ともまた男性的なものとは思わなかった。

しかし彼は演説を始めるとき最も気をつけたのは、適度に抑揚のきいた話し方で、それが聴衆を強く納得させることができるのだと思った。次第に激しくなっていく彼の演説口調は、そういう自然体のうえにたったものである。ヒットラーはこの頃になって、早くも演説の効果を知り、それを自分のものとして会得するまでになっていたのだ。

ヒットラーの弁士としての有能さは、隊内の上官たちの間でも、すでに評判になっていた。ある日彼は、マイル大尉の上官であるヒアール少佐から呼び出されて、新しい任務に就くことを命令されたのだ。それはかなり重要な仕事だった。つまりこの年の一月にミュンヘン市内で結成された、ドイツ労働者党という政治団体の実態を調査するようにというものである。

調査の方法は、書類によるものや近所での聞きこみというようなものではなく、直接党の関係者に会うか、その党の主催する大会や会議に出席するかということになる。場合によってはそこで、暴力的な争いになるかもしれない。いずれにしても緊張を要する任務だった。ミュンヘンの軍部の上層部が見るところ、その党は今までに結成された党や単なるグループなどと違って、かなり性格の違う政党であると考えているからなのだろう。

そのドイツ労働者党とは、機器金具工のアントン・ドレクスラーが主導して結成されたものであるが、彼の背後にはそれを支援する有力な組織があったのだ。その名をトゥーレ協会という。もともとは全国的な組織である「ゲルマン騎士団」に属していた。そしてそこから分かれてミュンヘンに本部を置く団体となっていたのだ。

ゲルマン騎士団という名が示すように、トゥーレ協会は右寄りの組織で、全ドイツ的かつ民族主義的な考えのほかに、激しい反ユダヤ主義を主張していたのである。だからドイツ労働者党の基本方針も、それがそのまま取り入れられていたのだ。これがドイツ労働者党の実態だった。

トゥーレ協会はドイツ労働者党に肩入れする一方で、ミュンヘンの上流階級の社交クラブの役目も果たしていた。金持ちや知識人が多く集まったが、その中には後年ナチス党の幹部になる何人かの男たちもいた。副総統のルドルフ・ヘス。『二十世紀の神話』を著して、ナチス党の精神的指導者となるアルフレート・ローゼンベルク。それにポーランド総督府長官になったハンス・フランクらである。ヒットラーは間もなく彼らと巡り会うことになるのであるが、このとき与えられた偶然が、彼の将来を早くも予言していたのである。

ドイツ労働者党の事務所は、市の中心部、マリエン広場からの小路を少し入った所にあった、住宅街の一郭にある。天井附近に明かりとりのガラスが嵌まっている、小さな地下室だった。夏も終わりの九月の或る日、ヒットラーはそこを訪れた。この日は党の会議があるということで、彼は前もって申しこんでおいた返事としての招待状を持参した。

彼は現役の兵士のままの身分として出席したが、この日は平服を着ていた。参集者は四十数人。これが党の幹部というところか。会議はすぐに始まり、党の運動方針などの説明があり、そのあとは自由討議に入った。ヒットラーも自由に発言した。この党の背後にトゥーレ協会があることを承知していたので、彼は持論である大ドイツ主義や反ユダヤ主義について熱弁をふるったのだ。ヒアール少佐から言いつかったスパイの役目など、とうに忘れていた。

会議が終わると代表のドレクスラーは、ヒットラーに対して次の会議にも出席してくれるようにと頼んだのだ。そう言われて彼は満足した。この日の演説の調子よりも、かねてから彼が心の中で思っていた、大ドイツ主義や反ユダヤ主義についての所信説明を、少なからずの人間が賛同してくれただろうという、確かなものをもつことができたからである。彼は自分の将来の姿を、漠然と見ることができたのである。

この頃のミュンヘンは、労働者が支持している左派勢力が依然として強く、ドイツ労働者党の運動も、時として彼らから妨害された。しかしヒットラーが初めてその集会に参加した頃から、彼らの活動もようやく活発化してきたのだ。そして間もなく、党はホーフブロイハウス・ケラーで演説会を開催したのだ。ミュンヘンにはビアホールがいくつもあり、こうした会場にはこと欠かなかった。ホーフブロイハウス・ケラーはイザール川の東岸、つまり街の中心部の外側にある。

この日会場に集まった参加者は百人ぐらいだった。入場料をとっての演説会なら、この程度だった。そしてヒットラーはここで演説したのだ。兵舎での兵隊相手ではない。また党員を前にしての集会でもない。彼は、三十分という短さだったが、初めて一般大衆を前にしての演説をしたのだ。そしてその結果に満足した。聴衆は彼の言うことを、十分に納得したのだ。

その後間もなく、ドレクスラーがヒットラーに入党を勧めた。彼は将来、ヒットラーが有力な党員になるであろうことを期待した。党運動というのは、常に大衆行動を伴うものである。であれば党勢拡大のためにも、彼はヒットラーの演説力を利用したかったのだ。周りにはドイツ労働者党を敵と見なす政党や団体がいくつもある。それに対抗するためには、一般大衆を一人でも多く味方につけなければならない。

ヒットラーはその勧誘を受け、すぐには決めかねた。政治は演説だけではできないと、十分承知している。二、三回集会に出て演説し、それが好評だったとしても、それだけで政治家になれるわけではない。ドレクスラーを前にして、この男は何を思って自分を誘ったのかと考えた。と同時に、彼は自分の将来についても、具体的な姿を思い始めていたのだ。

ドイツ労働者党はいま、党といっても小さなグループの集まりにしか過ぎない。演説会を開催したところで、数百人の集まりでは話にならない。それにスローガンとして、大ドイツ主義や反ユダヤ主義だけではなく、大衆に訴えるにはもっと具体的なものにしなければならない。政党としては、何よりも大衆を味方につけなければならない。それに党の指導者としては、ドレクスラーを始めとして碌《ろく》なものはいない。ヒットラーはそう思った。

しかし反面、これはチャンスでもあったのだ。それほど長くもない人間の生涯には、幾つかの機会があって、それを活かすか殺すかによって、その人間の将来を大きく左右するときがある。ドイツ労働者党は今は小さな党だが、将来は大きくすればよい。それに自分が入党したなら、一党員ではなく、ただちに指導者になることを認めさせなければならない。ヒットラーはここに決心した。

ヒットラーのドイツ労働者党入党のことは、上官のマイル大尉やヒアール少佐も認めるところだった。この頃バイエルンの軍隊も、国の方針として大幅に縮小されることが決まっていた。その際、ミュンヘンにおける政界に対する発言権はどうしても残しておきたいという思惑があり、そこでヒットラーの入党については、そのまま彼の軍籍を残しておくという方法をとったのだ。ここに彼は、正式にドイツ労働者党の党員になった。一九一九年十月十九日。三十歳のときのことである。

党務に就いて彼が最初に実行しようとしたのは、まずは党勢の拡大である。そのために演説会などを多く開いて、そこに集まった聴衆を一人でも多く党員に勧誘することだった。ヒットラーは党の会議の場でも性急にこれを主張した。しかしこの方針に反対する党員がいたのだ。それはカール・ハラーという男で、党の創設者の一人だった。彼はトゥーレ協会の会員でもある。

ハラーがヒットラーのやり方に反対した理由は、いま党が他の政党と比べて突出した行動をとると、反対勢力のみならず、ユダヤ人やフリーメーソンなどの団体からの攻撃を受けることになり、それは党にとっては危険だというのだ。つまりそれが、トゥーレ協会の会員の意見であるというのである。

ヒットラーは憤然とした。政党というものは、つねに戦うものである。周りにある政党は殆どが敵である。いま新しい指導部によって活動を開始しようとするときに、相手の顔色をうかがって、そこから手を引くなどとは何を考えてるのか。彼は激昂した面持ちでドレクスラーに向かって怒鳴った。ハラーを追放し、トゥーレ協会から脱退するようにと。そしてそれはすぐに実行されたのだ。これですっきりした。

そうと決まって、ヒットラーは早速ミュンヘン市内のビアホールで集会を開いて、演説もした。集まった聴衆もまだ四、五百人程度だった。それでも彼は手応えを感じた。党の運動には、たしかに勢いがついてきたのだ。そこで党は、確固とした政党らしさを世間に認めさせるためには、その主張とするところのものを、党の公約として発表する必要があるという意見が纏まり、その成文化にとりかかった。そして発表されたのが、いわゆる二十五か条から成る党の綱領である。いま、そのうちの主なものを次にあげてみる。

ナチス党綱領二十五ヶ条（抜粋）

ナチス党綱領は暫定綱領である。……

第一条　我々は、諸国民の自決権に基づき、すべてのドイツ人が大ドイツ国家を目標として結集することを要求する。
第三条　我々は、ドイツ民衆の食糧供給と過剰人口の移住のために、領土と土地（植民地）を要求する。
第四条　民族同胞たる者に限り、国家公民たることができる。信仰のいかんを問わず、民族同胞たることができる。したがって、ユダヤ人は民族同胞たることは得ない。
第十一条　労働によらず、努力によらない所得の廃止。利子奴隷制の打破。
第十四条　我々は大企業の利益配当への参加を要求する。
第十五条　我々は養老制度の大規模な拡充を要求する。
第十七条　我々は、国民の要求に適合した土地改革と、公役を目的とする土地の無償没収に関する法律の制定と、地代の廃止、あらゆる土地投機の防止を要求する。
第二十条　能力を有し、且つ勤勉なすべてのドイツ人に、より高度の教育をうけさせ、これにより、彼らの指導的な地位に進ませるためには、国家が、国民教育制度全般の根本的拡充について、考慮を払わねばならない。……貧困者の両親をもち、精神に特に優れた資質を有する児童の教育を、国庫負担によって実施することを要求する。
第二十一条　国家は母子保護と、幼年労働の禁止と、体操・スポーツの義務を法律で定めて肉体的訓練を実施することと、青少年の肉体訓練に従事する諸団体全部に対する最大の援助とを通じて、国民保健の向上に意を用いねばならない。
第二十二条　我々は傭兵の廃止と国民軍の編成とを要求する。
第二十三条　我々は、新聞による、故意の政治的虚報およびその流布に対する法律闘争を要求する……ドイツで発行される新聞の編集人とその共働者はすべて、民族同胞でなければならないこと。
第二十四条　我々は、それが国家の存立を危うくせず、またはゲルマン人種の美俗・道徳観に反しない限り、国内におけるすべての宗教的信仰の自由を要求する。……公益は私益に優先する。
第二十五条　以上すべてを遂行するため、我々は次のことを要求する。ドイツ国の強力な中央権力の創設。……我が党の結集は、その必要あるときは、自己の生命を賭して、上記各項目の遂行のために一路邁進することを誓約する。
一九二〇年二月二十四日　ミュンヘンにて

これが世に謂う「ナチス党綱領二十五か条」を抜粋したものである。党の幹部が寄り集まってまとめたもので、これが全員の総意である。条文からは当時幾つもあった政党の中で、自分たちの思想的なものを大衆に向かって訴える情熱が強く感じられるのである。

条文の前文にあるとおり、これはあくまでも暫定綱領である。今後党が大きく発展していくなかで、党を取り巻く周囲の状況が変わってくれば、それに対応するのに方針の変更を余儀なくされることもあるだろう。国際環境の激変ということもあり得る。一国の憲法や法律もそれは同じで、むしろここでは正直にものを言っている。項目の配列に統一性を欠き、また文脈にも均衡の悪さはあるが、主義主張は一貫している。その主張しているところを、二、三考察してみる。

綱領の始めに、大ドイツ国家を目標として結集するとある。これは後年ヒットラーが、「大ドイツ建設のために全ドイツの力を結集しよう」と叫んだところに行きつくのであるが、この二十五か条の綱領の中での主眼点にはドイツ本国とハンガリーと連合王国を解体したオーストリア、それに今次の大戦の敗北により割譲された旧ドイツ領などのドイツ語圏のことをいう。

つづいて第三条では、ドイツ民族の食糧問題から、その解決のために外国に領土と土地（植民地）を要求するというもので、ここでヒットラーは将来の東方政策について明確に、しかもためらうことなく宣言しているのである。

そして次には、ドイツ国内でのユダヤ人の存在を否定しているのである。将来ヒットラーは、ユダヤ人に対して過酷な政策をとることになるが、その意志はすでにここに現れている。しかしこれは彼の個人的な考え方によるものではない。当地のミュンヘンの、さらに言えばドイツ人全体の反ユダヤ感情から発したものであり、ドイツ労働者党がその綱領によりその政策を発表するに当たっては、ごく自然に成文化されたものなのだ。

次には一般の国民に対する、福祉について種々述べている。ドイツの福祉政策については、プロイセンのビスマルク首相以来、他国と比べても抜きん出たものがある。当時のドイツには炭鉱労働者が多く、ビスマルクは彼らの福祉については気を配り、健康保険制度などを設立して労働者の生活保護を計ってきた。そういう歴史的な背景があって、この綱領でも特にその項目を設けている。すなわち養老制度の大規模化を謳っているのである。たんに現役の労働者だけではなく、高齢者にも気を配っているのだ。

またもっと大きな政策としては、国民の教育問題がある。すなわちドイツ国民の子弟は、貧富や階層の区別なく、優れた子供には国の負担によって積極的に教育を受けさせること。また青少年には、体操やスポーツなど肉体的な訓練を実施するための資金援助などを、これも国が行うとしているのである。

以上のことから、ドイツ労働者党が、たんなる右翼思想や反ユダヤ思想だけを標榜しているだけではなく、労働者階級のための政党だということを、十分意識していることが分かる。これはベルリンで一時勢力を拡大していた、共産党に対抗するためのものではなく、戦後ベルリンの皇帝や地方の王制が廃止されたからには、やはり労働者階級の存在を重視し、政治運動そのものを、彼らと共闘しようとするヒットラーを始めとする党幹部の姿勢であると見てとれるのだ。その後二十五条のすべての事項が実現されなかったとしても、決してこれを揶揄する必要はない。

この綱領の発表のあった二週間後に、ドイツ労働者党は党名を変更して、「国民社会主義ドイツ労働者党」（ナチス党＝ＮＳＤＡＰ）となった。一九二〇年二月二十四日のことである。二十五か条の綱領と党名変更のことは、この夜ミュンヘンのビアホール、ホーフブロイハウス・ケラーで開かれた党大会の席上で発表された。予想よりも多く、二千人もの聴衆を前にしてヒットラーは熱弁をふるった。新党の船出は上々だった。

これを機に党勢は徐々に拡大した。党員の数が一挙に増えたのだ。新しい党員はその数からしても一般の市民が殆どだったが、中には多少なりとも知識人と目される人びとの入党もあった。ルドルフ・ヘスやアルフレート・ローゼンベルグなどのトゥーレ協会の会員などがそうだった。

勢いにのった党は、これを契機にミュンヘン市内において数多くの演説会を開いた。中でもヒットラーは、反ユダヤの演説を盛んに行った。しかし演説の主題が反ユダヤだけでは聴衆も飽きてくるし、彼としても能がない。そこでその年の八月、ヒットラーはニュルンベルクに赴いて、そこで演説を行ったのだ。

ニュルンベルクはミュンヘンから北に約二〇〇キロ、バイエルン州の中央やや北寄りにある。その歴史は古く、十二世紀頃には城砦の建造が始まり、その後政治、商業、交通の中心的な位置を活かして発展してきた。市域はミュンヘンより一周りも小さいが、ここはまたワーグナーの楽劇「ニュルンベルクの名歌手」の舞台としても有名である。ヒットラーにとっては憧れの地といえる。

彼はそこの、ドイツ軍人同盟主催の集会に招かれたのだ。そして「ヴェルサイユの屈辱的講和」という題で演説をしたのだ。今までミュンヘンでも同じことを喋っている。しかしここニュルンベルクでの演説は、彼にとっては記念すべきことだった。ナチス党の主催ではなかっただけに、その意義は大きかった。

党勢拡大の運動の次に党に求められたのは、紙による宣伝部門の拡充である。喋るだけでは十分ではなかった。当時ミュンヘンに必ずしも質が良いとはいえない週刊紙の「フェルキッシャー・ベオバハター」という政治的な出版物があった。ヒットラーは党の出版物を定期的に発行するためには、ぜひともこれが必要だと思い、バイエルンの軍の関係者から金を捻出させてこれを党の機関紙にした。そしてこの出版物を通して大いに党を宣伝したのだ。

ヒットラーの頭の中では、やりたいことが渦巻いていた。彼の性急さは今に始まったことではない。少々の反対や邪魔ものは蹴っ飛ばしてしまう勢いだ。そこで今度は、ナチス党を中央政界に進出させるべき足がかりを作るためと、もう一つは党の資金集めのためにと、二つの目的のためにエッカートを伴ってベルリンへ向かった。

エッカートはヒットラーより二十一歳も年上の詩人でもありジャーナリストであり、しかも反ユダヤ主義者であり、また反マルクス主義者ときている。いわゆるヒットラーの先生役で、そのイデオロギーは彼に強い影響を与えていた。若い頃にはベルリンで放浪していたこともあり、今回はその同伴者となったのだ。

ところがここで思いがけないことが起こった。党内にはこの頃、ナチス党はミュンヘン市内にある幾つかの右派政党と合体して、大同団結をすべきだと主張する派閥と、ヒットラーのようにナチス党はあくまでも一党単独で行くという派閥と二つの勢力が啀《いが》み合っていたのだ。そしてヒットラーの留守中に、その分派工作が持ち上がったのである。彼はその報らせを受け、急いでミュンヘンに戻った。敵対する派閥とは、ドレクスラーを首謀者とする一派だった。

ヒットラーはその相手に向かって、自分はナチス党を脱党するという手紙を書いた。これはまさに爆弾宣言だった。ドレクスラー一派は大いに驚いた。いまやナチス党は、ヒットラーなしでは成り立っていけない。そのヒットラーを失っては党の存続はおぼつかない。慌てたドレクスラーは早速彼に手紙を送った。全面降伏するよりほかないと考えたのだ。

ヒットラーはこの政争に勝ったのだ。彼は復党し、同時に一気に攻勢に出た。党の運営については、今までも不満に思うことが多かった。しかしこうなれば自分の思うままにやってみせる。彼はそう決心したのだ。そしてその最大の要求を彼らに突きつけた。それは――。

まず党の議長、つまり党首は党員に対して独裁的な権限を持つこと。すなわち彼は、自分が党首になった場合、党員に対しては絶対的な服従を求め、党運営については党首の意志のままに行うことを要求したのだ。これは彼が、つねづね政治活動とはどういうものかと考えていたときに、党首はその政策を合議制によって決めるものではなく、それは絶対的な指導者の権限によって行わなければならないという、強い考えを持っていて、いままさにそれを実行したのである。ヒットラーの将来の政治姿勢が、ここに鮮明に具現されたのである。

この頃ナチス党は地方にも支部があったが、ミュンヘンのナチス党がその本部であることなどを党の規約に明記されることになったが、これはたいしたことではない。とにかくここで、ヒットラーの独裁体制が成ったのだ。中央から見れば、地方政党のささやかな現象だったかもしれないが、じつはそこには大きな問題が秘められていたのである。後日ドイツ国民は、それを知ることになる。

ヒットラーを党首とするナチス党の基盤は、ここにほぼ出来上がったといってよい。一九二一年七月二十九日、ヒットラー三十二歳のときのことである。

ミュンヘン一揆の挫折

ナチス党の党首になったヒットラーは、この頃から「フューラー」（指導者）と呼ばれるようになった。そして党の基盤を固め、さらに党勢を拡大させるために次の手を打った。それは突撃隊（ＳＡ）という武装集団を編成することである。ナチス党は演説集会を多く開いてい

ナチス党結成間もない頃、ＳＡ隊員の挨拶を受けながら会場を出るヒットラー

る。そしてこの頃では、その聴衆は多くなる一方だった。従って新規の党員も増えてくる。

また街頭へ出てのデモ行進もある。そういう演説会場やデモ行進の場には、党員だけではなく一般の群衆も多く集まる。するとその中には、その運動に反対したり時には妨害する連中も出てくる。個人の場合もあるが、グループ化された反対勢力もある。そこまでいけば、それを排除する組織を作らなければならない。それが突撃隊なのだ。隊員は体力がものをいう。ヒットラーはその指揮官にエルンスト・レームを任命した。ヒットラーよりも二つ年上の男である。しかもさきの大戦では勇名を馳せたが、かなりの乱暴者である。このときはまだ軍籍にあり、陸軍大尉の肩書きをもっていた。

その次に彼が考えたのは、党の特色をシンボライズさせた文様、というか党章である。そして出来上がったのが鉤十字、すなわちハーケンクロイツなのだ。この赤と黒と白の三色を組み合わせた逆まんじの図柄は、ナチス党の性格や雰囲気をじつに印象的に、しかも力強く表している。しかしこの図柄はヒットラーや党員が考えたのではなく、彼らが始めて使用したというものでもない。これの原始的な図柄は、古くから世界の各地にあったのだ。なかでも古代ペルシャ（イラン）の遺跡から出土した遺物の中に、これとそっくりなのがある。今から三千年ぐらい前のものだ。一つは金製の鉤十字三個を、同じ金製のビーズで繋いだ首飾りである。そしてもう一つは、真っ赤な丸く平たい石の上に、これはブローチなのか、じつに鮮やかな金の鉤十字がはめ込まれているのである。この赤と金色は、ドイツの三色旗のうちの二つの色でもあるが、ヒットラーたちは、そこまで知っていただろうか。

このハーケンクロイツの紋章はそのまま党旗となり、やがてドイツの国旗にもなったのだ。旗のサイズやデザインに、ヒットラーが関わったことは間違いない。丸の大きさや鉤十字を四十五度傾けたことなどは、すべて彼の感性によるものだった。彼は画家でもあったのだ。そしてこのハーケンクロイツの旗は、ドイツ人の感性にもぴったりだった。間もなく彼らは、ヒットラーの演説と翩翻《へんぽん》とひるがえるこの旗を仰ぎ見て陶酔するのだった。それは救いがたいドイツ人の民族性なのか。

ナチス党は勢いづいていた。その勢いをかって翌年一月の党大会では、党員が六千人も増えていた。そこでヒットラーが演説したのは、相変わらずユダヤ人とヴェルサイユ条約への攻撃だった。ところがそのヴェルサイユ条約の履行は、この頃のドイツ政府にとっては非常に苛酷なものになってきたのだ。

その履行はドイツ経済を、国家として再起不能の状態にまで陥れるのではないかと思わせるほどに、苦しいものにしていた。前年の十一月に一ドルが二百マルクだった相場が、一年後には九千マルクにまでなったというのだから、この状態をどう表現してよいのか。このとき国民は、超インフレにあえいでいたのである。

このようにドイツ経済が瀕死の状態にあったとき、一月に就任したばかりの外相ワルター・ラーテナウが、元海軍将校の若者に暗殺されるという事件が起こった。ラーテナウはユダヤ人であり、犯人の背後には右派グループがあった。彼は外相として戦勝国側に、ヴェルサイユ条約を履行することをはっきりと約束したために、国民の反感をかっていたのだ。

ところが、政府が彼の死に対して喪に服するようにと通達を出したところ、それに応えて、百万人ものベルリン市民がデモを行ったのだ。これは右派勢力の期待をまったく裏切るものだった。ベルリンの市民は、このとき現政府を支持していたのだ。これは明らかに、ミュンヘンの市民がとるであろう対応とは違ったものだった。プロイセンとバイエルン。ドイツにおける二つの大国の政治風土は、このように鮮明な違いを見せつけたのである。それどころか右派勢力による暴力に対しては、各地で労働者のストがあったりして、ミュンヘンにいるヒットラーなど右派政党の首脳は、自分たちがドイツ国内で孤立するのではないかという危機感さえもったのだ。

そんな頃、ナチス党に新しく入党してきた男があった。ヘルマン・ゲーリングである。ヒットラーより四つ年下で、大戦中はリヒトホーフェン飛行隊の指揮官として活躍し、彼の名はドイツじゅうに知れ渡っていた。ヒットラーはその男を見込んだ。その豪胆さや身についた磊落さもさることながら、彼には大勢の人間を統率する力量があると思ったのだ。彼はゲーリングに、ゆくゆくは突撃隊を任せることを考えていた。それにゲーリングも、その意志をほのめかしていたのである。

国民の政治志向が右派政党に必ずしも好意的ではないことに、ナチス党だけでなく、ミュンヘンのほかの政党は運動を活発化させた。ヒットラーは演説の主題を絞って、民衆に訴えた。そしてこの年の十一月には、ミュンヘン市内で大々的に演説会を開いた。そのテーマは「マルクス主義粉砕」というもので、まっ向から共産主義勢力に対抗するものだった。

演説会は何回も行われたので、会場には共産主義を標榜する政党の党員も数多くまぎれこんでいた。するとヒットラーは彼らを挑発して一層激しい言葉を浴びせかけるのだ。すると共産党員も負けてはいない。大きな声でやじり返し、物を投げつけて会場を混乱させる。そうなると突撃隊の出番だ。隊員は棍棒を握りかざし双方の乱闘となる。血しぶきが飛び散り、怪我人が多く出る。突撃隊の効果は覿面《てきめん》だった。

ヒットラーの演説はなおも続き、最後は弁士も聴衆も全員総立ちとなり、右手を前方に突き出して「ハイル！」と大声で三唱して演説は終わるのである。この「ハイル！」という叫び声は、以前からオーストリアの一部のグループが使っていたもので、反ユダヤ的な意志が込められていた。ナチス党はこの頃から、ヒットラーに対する忠誠心の現れとしてこれを使うようになったのだ。

一九二三年一月十一日に、フランスとベルギーの両軍が、ドイツとの国境沿いにあるルール地方に軍隊を出して、そこを占領するという事件が起こった。ヴェルサイユ条約によって、ドイツはこの地方で採掘される石炭を、連合軍側に納める事になっていた。ところがそれがとどこおっていたのだ。ドイツの経済や産業が復興する苦しい過程のなかで、それはやむをえない面があったが、フランスは容赦しなかったのだ。これは一貫したフランス側の態度だった。

これに対してドイツ政府は、国民に向かって「消極的抵抗」を指示した。サボタージュである。国民の反フランス感情は高まり、ベルリンを中心として政府も議会も、そして全国民までが一体となって、フランスへの抗議の態度を示したのである。これは明らかに、ベルリンの市民が、現政府を強く支持している証拠である。ミュンヘンにいて、ヒットラーはそれをどう思ったか。

この頃イタリアに、ベニト・ムッソリーニという男がいた。イタリアは、間にスイスとオーストリアの一部を挟んでいるが、ドイツの隣国ともいえる国家だった。この国もかっては、ローマ教皇国やシチリア王国などと幾つかの王国に分かれていたが、一八六一年になって、イタリア半島全土が統一されて、正式にイタリア王国となった国である。

ムッソリーニは一八八五年生まれというから、ヒットラーより六つ年上ということなる。彼は父親の影響で、若いときには社会主義運動に身を投じていた。しかし大戦後は運動の方針を変え、右翼政党「戦闘ファッシ」を結成、一九二一年秋には「ファシスト党」と改組し、その党首になったのだ。短躯ながらその躰は頑丈でいかにも逞しい。

この頃イタリアの政局も混迷していた。彼はイタリア北部のミラノ辺りで運動を展開していたが、中央政界への進出を狙っていた。そして「黒シャツ隊」を組織して、暴力的な行動により反対勢力から怖れられてもいたのだ。

そこで機は熟したとみて、「ローマ進軍」という派手な戦法により、黒シャツ隊を率いて首都ローマに乗り込もうとしたのである。ローマでは国王ヴィットリオ＝エマヌエレ三世が彼を出迎え、そして組閣命令を受けるまでになったのである。以後ムッソリーニは、公式にもドゥーチェ（首領）と呼ばれ、イタリアの最高指導者として君臨することになる。一九二二年十月二十五日のことである。

ヒットラーはこの情報にとびついた。そしてすぐに思いたったのは、ナチス党のベルリン進軍だった。というのは、最近の政治状況はナチス党にとって思いのほか厳しいものがあった。

ベルリンの中央政府に対する国民の支持が意外と多いことに、ヒットラーは苛立ちをつのらせていたのだ。

彼には、ナチス党がいつまでもミュンヘンにいるわけにはいかないという思いが、いつもあった。いずれベルリンに出て政権を担う政党にならなければ、という考えは、このとき喫緊の問題だったのだ。しかしいまムッソリーニの「ローマ進軍」のことを報されても、いますぐ、ナチス党がベルリンに進軍することはできない。それだけの実力がないことは、ヒットラーも承知している。

そのうえヒットラーを困惑させたのは、最近のミュンヘンにおける政情不安だった。というのは、この頃バイエルン政府の政策が、とかくベルリンの中央政府に対して反抗的であり、なおかつそのために相当の軍備をしている事実があった。そして挙げ句のはてに、バイエルン政府はドイツ共和国から分離すると宣言したのである。

ドイツが二つの国家に分割される、ということがありうるだろうか。しかしバイエルン政府がそう宣言したのだから、それは決してありえないことではない。ドイツといっても、もともとプロイセンとバイエルンは別の王国だったのだ。それにバイエルンの東にあるオーストリアは、同じドイツ語を話すドイツ人であり、その気質は北のドイツ人よりも、よりバイエルンの人間に近い。オーストリアとバイエルンが合体するということもありうるのだ。これは非現実的な話ではない。過去にはそういう動きもあったのだ。

これに対してベルリンの中央政府は、大統領緊急命令を出してドイツ全土に戒厳を布告した。シュトレーゼマン内閣は、バイエルン軍による「ベルリン進軍」を警戒しての措置だった。このときミュンヘンにはカール総監がいて独裁的な政策をとってきた。中央政府はこれに手を焼いていたのだ。

その後のベルリンとミュンヘンの政治的な駆け引きはめまぐるしく、政治家や将軍たちがそこを舞台として右往左往した。そしてナチス党を率いるヒットラーにしても、その渦中にいたりそこから跳ね飛ばされたりして、辛うじて動き回っていたのである。ただその中にあっても、彼を始め党員の多くは、依然として「ベルリン進軍」の思いを持ち続けていたのである。

一九二三年十一月七日の夜、ヒットラーは「ベルリン進軍」の方針を変え、武力蜂起を決意して突撃隊に動員令を発令した。これはかってないほどの彼の重大な覚悟だった。翌十一月八日には、市内のビュルガーブロイケラーで、愛国主義者の宣言集会がバイエルンの名士を集めて行われることになっている。そこで彼らをその場に監禁して国民革命の勃発を宣言して国民政府を樹立するというものである。壮大で、たしかに誇大妄想的計画だった。

ここに至るまでには、バイエルン政府や軍関係者や警察当局などとの交渉や駆け引きが多々あったが、その殆どがヒットラーの思惑どおりにはいかなかった。しかし武力蜂起を止めることはできない。陣営には、さきの大戦の名将ルーデンドルフ将軍も駆けつけてきてくれた。ヒットラーは、ここが自分の政治生命を賭ける一番と思った。

そして十一月八日の夜九時少し前、彼は突撃隊六百人によりビアホールを包囲した。中では聴衆三千人を前にして、総監カールが演説の最中だった。そこでヒットラーは、ルドルフ・ヘスと屈強な用心棒一人を従えて会場の中に入り、ピストルを一発ぶっ放してカールの演説を中止させた。いよいよ、ヒットラー革命の幕が切って落とされたのである。

壇上のカールは突然の恐怖におののいてあとずさすりすると、ヒットラーはそこに飛び上がって、バイエルンとドイツに革命が起こったことを聴衆に向かって宣言したのだ。その剣幕におされて聴衆は騒然となり、息をのんだような静けさになったり、あげくの果てには武装した突撃隊員の姿を見て大きな不安に陥れられたのである。ヒットラーはカールやロッソウら数人の政府要人を拘束した。しかし彼らを敵視しているわけでもなく、カールらには自分の革命への行動に、出来れば同調してもらいたかったのだ。

そんな交渉をしている間にルーデンドルフがやってきた。そこでヒットラーはその場を彼に任せて、突撃隊を引き連れてもう一つの集会場所に向かったのだ。ところがそこに齟齬が生じた。ルーデンドルフは迂闊にも、会場にいた三千人もの聴衆と一緒に、ヒットラーが拘束した政府の要人をも自由にしてしまったのだ。

やがてそこへ帰ってきたヒットラーは、その光景に呆然として、大いに落胆した。しかしルーデンドルフを詰《なじ》っているひまはなかった。カールたちが自分の部署に帰り着くや、ヒットラーたちの行動を阻止し、その鎮圧に出ることは明らかだった。日づけはすでに十一月八日か

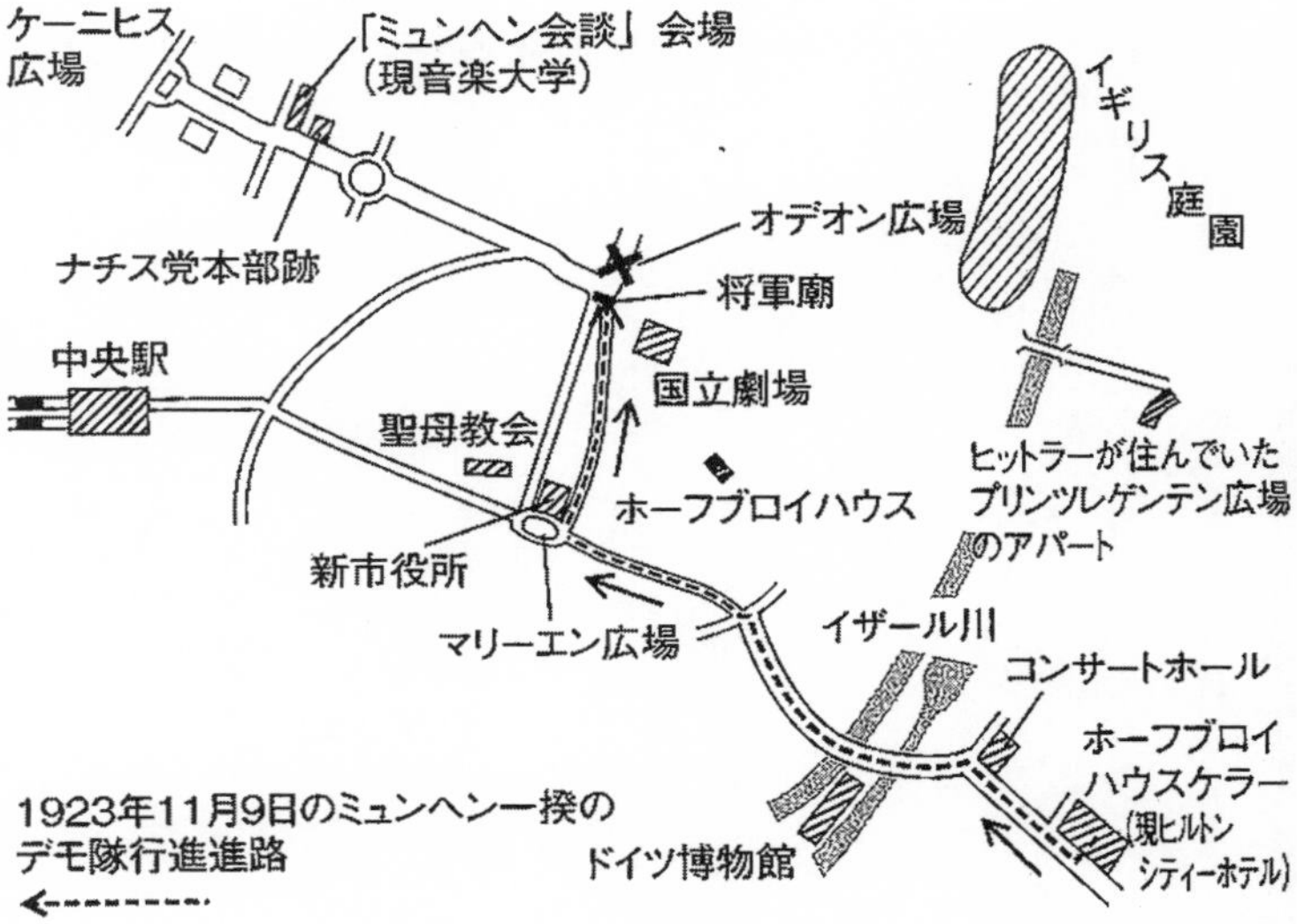

ミュンヘン市中心部

ら九日にと変わっていた。もう一刻の猶予もならない。行動は開始された。

朝十一時、突撃隊のほかに闘争連合の隊員たちも加わって、ミュンヘン市街地の中心部への行進が始まったのだ。会場を出てなだらかな坂を下っていくと、目の前にイザール川が横わっている。そしてその向こう側に、ミュンヘンの市街地が拡がっている。その中心部に聖母教会や市役所の高い建物が聳え立っている。突撃隊員約三千人。ハーケンクロイツの旗を押したて鉄兜をかぶり銃を持ち、左腕には腕章を巻き、服装は国防軍そのままの軍装だった。

彼我《ひが》の形成が逆転して、行進をするには極めて不利になったが、なにも政府や国防軍に攻撃を仕かけるということではない。自分たちの革命行動に同調してくれるか、最悪の場合でも道を空けてくれればそれでよいのだ。ルーデンドルフは要人釈放のばつの悪さを感じながらも、次の行動には自信があった。自分が一言声をかければすぐに道を開けてくれると、いとも簡単に思っていたのだ。

行進の先頭にはヒットラーを始め、ルーデンドルフやヘス、それにゲーリングやローゼンベルクなどが従った。そしてそのあとには、機関銃などで武装されたトラックが一台、重々しいエンジン音を響かせて続いていた。一隊はイザール門を潜り、やがてミュンヘンの市街地に入った。そこまでに警察隊との間に少し小競り合いがあったが、彼らはゲーリングの一喝により手を引いた。

間もなく行進はマリエン広場にさしかかろうとしていた。するとそこには市電が何台も止められ、広場は何千もの群衆が肩を寄せ合うほどにして埋めつくされていた。その中央では、ニュルンベルク在住の党員ユリウス・シュトライヒャーが演説をやっていたが、一行の到着によりその列の中に入った。

隊列はそこから右に曲がり、レジデンツシュトラーセを北上した。通りの道幅は狭く、ところどころで隊列の横に群衆が押し寄せたりして混乱した。先頭にたっていたヒットラーは、その前方にオデオン広場の空間を見た。バイエルン国防軍の兵士か警察隊の警官が、そこに構えているはずだった。

そのあと左手に将軍廟を見る頃になって、突撃隊の足が止まった。そしてその前に見たの

デモ隊と警官側が衝突する寸前の模様。デモ隊の中央にヒットラーの姿が見える

は、オデオン広場の向こう側に、カービン銃を手にした警官隊が、整然と横に隊列を作って構えている姿だった。そこに国防軍の兵士の姿はない。ヒットラーもルーデンドルフも、意表をつかれた感じで思わず息をのんだ。そのとき突撃隊員の中から叫び声があがり、警察官に向かって道を開けるようにと怒鳴った者がいた。続いてヒットラーも降伏するようにと叫んだが、相手はそれを無視した。そしてその直後に、銃声が一発空に向かって響き渡ったのだ。

それが合図となって撃ち合いが始まった。銃の操作は警官隊の方が馴れていた。突撃隊の前列にいた隊員がばたばたと倒れた。最前列にいたヒットラーらの幹部連中は、弾がくる前に伏せるか、運悪くその的になったりした。一隊は怒号と白煙とで混乱状態となったが、銃声はものの一分ぐらいで止まった。銃弾による死亡者は警官隊が三人だったのに対して、突撃隊員には十六人の犠牲者が出た。

ヒットラーはその場に倒れたが、銃弾によるものではなく、倒れたさいに肩の関節がはずれたのだ。幹部連中で負傷したのはゲーリングだけで、彼は大腿部に弾が当たって重傷だった。またヘスは逃げ、あとはルーデンドルフやレームなど殆どの幹部が逮捕された。前夜からの革命劇は、ここにあっけなく終わったのだ。ヒットラーらに、どれだけの計画性があったのか。

数日後、ヒットラーは知人の別荘にいたところを逮捕された。首謀者は束になって当局によって裁かれることになる。罪名はもちろん国家反逆罪だ。その刑罰は重い。しかしともかくも一命はとりとめることはできた。裁判の予想などまったく考えられず、首謀者はミュンヘン市内の留置所に収監されることになったのだ。五年前の一九一八年の十一月九日にドイツ帝国が崩壊し、カイザー、ウィルヘルム二世が退位したと同じ日に、ヒットラーもまた戦いに敗れたのである。ちょうどその日を、前もって選んでおいたかのように。

第五章　ナチス党再建

我が闘争

ヒットラーらによるミュンヘン一揆のことは、ベルリンの通信社などを通じて、ヨーロッパやアメリカにも素早く伝えられた。世界はどのような関心をもってそのニュースをきいたであろうか。彼の運動に対しては、すでにフランスやアメリカの実業家からも理解と共感をえて、多額の献金まで受けていたのだ。

この一揆のことは、彼らには極めて注意をひくニュースとして伝えられたのだ。ヒットラーの掲げる反ユダヤ主義は、ドイツだけではなく、ヨーロッパの各国やアメリカにもその同調者がいたのである。これは事実だ。

一揆によって捕らえられたヒットラーは、そのとき自分が銃殺されるのではないかと不安におののいていたが、そうでないことがわかるとやがて元気をとり戻した。それに国家反逆罪といっても前例がある。一九二〇年三月にベルリンで起こった「カップ一揆」の首謀者に対する処罰が軽かったこともあり、彼はこれから始まる裁判についても楽観していた。そしてその裁判が、翌一九二四年二月に開かれたのだ。

裁判は一か月と数日の、あっという短い期間で終わった。弁護人はいたが、ヒットラーは自分の弁護は自分でやった。まるで党大会の演説のようだった。そして判決が下った。ヒットラーは禁固五年の刑を、ルーデンドルフは無罪に、レームは一年三か月の刑を宣告されたが、すぐに仮釈放された。奇妙な裁判の、それが結末だった。

ヒットラーらは、ミュンヘンの西約六十キロにある、ランツベルクの要塞刑務所に収監されることになった。その名のとおり、元の城塞を二十世紀の初頭に改築した建物だった。彼が入れられた独房は、窓も広く、南側の明るい部屋だった。机もあったが、ベッドは小さく粗末なものだったが、悪事をはたらいた囚人なのだからそれはやむをえない。しかしそれでも、彼は特別待遇だった。

ヒットラーはここに入って少し落ちつくと、自分の政治活動を振り返ってみた。ここ何年かの間に人間的に成熟した面もあったが、その行動では未熟さをさらけ出すこともあった。だが彼は、この頃になって自分の人柄を認めようとする人びとが、少なからずいることも知るようになったのだ。

例えば一揆の前には、イギリス人で人種理論家のヒューストン・スチュアート・チェンバレン。彼はワーグナーのコージマの娘婿だったのだが、その彼から一通の手紙を受けとったのだ。その中でスチュアートは、ヒットラーを熱烈に称え、ドイツは危急存亡のときに、ヒットラーのような人物を産み出すのだと言っているのである。彼がその言葉によって一揆を計ったということではないにしても、その信奉者は外国人にもいたのである。

彼は囚人として与えられた時間を有効に使った。ふたたび読書する喜びも味わった。彼の読書術は、昔から一冊の本を全部読み通すことはなかった。そうする必要もなく、彼には書いてあることが理解できたのだ。ニーチェの超人の哲学やダーウィンの進化論に、ヒットラーは惹きつけられた。むつかしい理論だったが、自分なりに咀嚼した。そしてそれを吸収して血と肉としたのである。

ミュンヘン一揆で収監されたヒットラーたち

このとき彼の傍らにルドルフ・ヘスがいた。彼は一揆のあと逃げていたが、わざわざランツベルクの刑務所に入ってきたのである。彼はヒットラーに向かって、その欠点までを指摘できる数少ない人間だった。戦後陸軍少尉だったことによる特例でミュンヘン大学に入り、そこで政治学を学んだ。粗野なナチス党員の中にあっては多少の教養もあり、当たりはよかった。ヒットラーはこの時、ヘスの助けを借りて、自伝的な本を書くことを思いたったのだ。いやそれは自分が書くのではなく、口述するものをヘスに筆記させるという方法をとったのだ。

執筆にあたっては女性の協力者もいた。一人はウイニフレッド・ワーグナーで、作曲家のワーグナー一族の女当主だった。彼女は原稿用紙やインクや鉛筆など、文具用品を大量に送ってきた。もう一人はヘスの婚約者のイルゼ・プレールで、彼女もまた囚人たちに日用品を届けた。時によるとミュンヘンから自転車を飛ばしてやってくるという元気な女性だった。健気な彼女たちのそういう姿勢に、ヒットラーたちが感激しない筈がなかった。彼の長大な作品『我が闘争』がここに語り始められようとしているのである。

その第一章では型どおり、両親の出自と自分の少年時代からリンツでの青年時代。その後ワーグナーの音楽に感動し「国家主義」に共鳴したことなどを。そしてウィーンでの苦難の時代に、造形美術アカデミーへの試験失敗についても正直に述べている。またこの時代にはマルキシズムとユダヤ主義に興味を持ち始め、いくつかの政党の政治活動に目を向け、そのうちの社会民主党の新聞は、ユダヤ人によって支配されていると断じているのだ。彼の主張の主眼は幾つかある。それを要約してみる。ここでは過去のドイツの歴史や彼の政治活動ではなく、将来自分とドイツ民族はどうあるべきかということを、激しい口調で語っているので、そこに論点を置きたい。

その十一章に、「民族と人種」と題する箇所がある。そこではアーリア人種、つまりその後裔たるドイツ民族と、それに対比してユダヤ人について述べている。彼は人類を文化創造者、文化支持者、それに文化破壊者の三つに分けた。つまりアーリア人種は文化創造者で、アジア民族の中でも発展的な日本人は、文化支持者であっても決して文化創造者と呼ばれることはないだろうとしている。そしてユダヤ人については、アーリア人種の対極にあり、決して独自の文化を創らず、つねに他民族の体内に住む寄生虫に等しい民族だときめつけているのである。いささか乱暴な主張であるが、これが彼の信条である。

そしてユダヤ人については、さらに詳しくその民族性を否定しているのだ。つまり今まで、ドイツ民族のみならずヨーロッパの国々に住む民族が、ユダヤ人から受けた犯罪行為を、いちいち列挙して追求しているのである。ヒットラーにしてみれば、そういうユダヤ人の行為が、今まで誰からも指摘されずにきたことへの不満も大いにあるようだ。

このヒットラーのユダヤ人に対する批判的な記述の中で、やがてユダヤ人は日本を攻撃するだろうということを予言しているのである。しかもこれは、後年その予言どおりに実現することになる。彼の政治的な観察力は鋭いと言わざるをえない。その記述は巻末に近い処にあり、ここで少し要約し引用したい。

すなわち。ユダヤ人は千年にわたって、ヨーロッパ民族の基礎を掘り崩し、その種族を性格を失った雑種にすることができた。そこで彼らは、ドイツ人、イギリス人、アメリカ人、フランス人のふりをすることができた。しかし黄色いアジア人にはそれが通じない。そして日本という強力な国家主義国家を破壊するのはむつかしい。

このためユダヤ人は、自分たちの前に日本のような国家が在ることを危険視し、先にドイツに対してやったと同じように、日本に対しても諸民族を煽動して戦争をしかけなければならない。それには民主主義制度を宣伝し、「日本の軍国主義と天皇制打倒!」の鬨《とき》の声の下に、日本を絶滅するための戦争をやることになるだろう。これがヒットラーの予言である。ユダヤ人は日本人に対しても、そこまで考えいるのか。

『我が闘争』は上、下二巻に分かれているが、上巻では「民族主義的世界観」、下巻では「国家社会主義運動」とあり、それぞれが十二章と十五章から成っている。ただこの仕分けはあまりにも大まかすぎて、下巻についても個々の目次にしたがって考察していくことになる。それさえも記述の重複があったりして、この本は実に難解である。

次にヒットラーは、自分たちが目指す国家社会主義について口述している。「国家は目的のための手段である。国家の目的は同種の人間の共同社会を肉体的および精神的に維持し、助成することにある」というのだ。しかしこれは極めて抽象的な言い方であって、かつてビスマルクが行ったように、ドイツ国民に対して具体的に何を行うかということには触れていないのだ。

さらに国民の教育について、スポーツの重要性について、また終わりの方では労働組合の存在の是非についても論じている。そして「労働組合はなによりもまず、将来の経済議会ないしは職能代表会議の礎石として、ぜひとも必要である」と結論づけているのである。ナチス党が国家社会主義を党是としているからには、こう言うのは当然である。

このあとはいよいよ、東方政策について語られる。そもそもヒットラーが東方というとき、それは必ずしもロシア一国を指しているのではない。それよりももっと広い、中央アジアを含めてのものである。彼がその地にゲルマン民族の生存圏を求めようとする場合、そこには一つの状況があったのだ。たとえばかの有名なステンカ・ラージンの頃、ロシアの南部から南東部にかけては、土地は肥沃だったが地主のいない「無主の地」だった。それから二百五十年近く過ぎてはいるが、ヒットラーもそこを、その程度にしかみていなかったのだ。

それに国境線など人為的なものであり、いつでも変えられるという考え方もある。大戦後、中部ヨーロッパでは、めまぐるしく国境線は変えられ、古い国家の滅亡と新しい国家の誕生があったのだ。そして彼は、革命によるロシアの国力など、低く弱いものであり眼中にはないほどだった。だからドイツ民族が世界的な強固となるためには、この東方に領土を求めるのは当然のことであると主張したのだ。

この他国の領土に侵入するという考え方に多少の疚《やま》しさがあったとしても、ヒットラーにはその弁解の仕方は幾らでもあった。その昔スペインは、新大陸の中南米を始めとして、東洋にも多くの植民地を持った。それはポルトガルやオランダも同じで、その植民地化の過程では、多くの先住民を虐殺しその財物を掠奪したのだ。

そして次にはイギリス、フランス、アメリカなどの大国から、ベルギーやデンマークなどの小国までが植民地として外国の領土を欲しがる。そこへいくとドイツは後進国で、アフリカなどに僅かな土地を手に入れただけだ。植民地と言うからには、自国の国民をそこに入植させてその地を開拓するという意味もあるが、それよりも金儲けの方が先だった。ヒットラーがドイツ人をそこへ入植させるということは、国民の生存圏の確保ということであり、より切実な問題なのだ。同じ植民政策といっても、イギリスやフランス、アメリカなどとは意味が違う。

しかしこの発言は、将来ドイツが東方諸国に対して侵略戦争を始めることを予言するようなものである。大胆というか、どうみても無謀な発言である。もっともそれは、ヒットラーがドイツの首相なり大統領になったときにだけ実行可能なことであって、この時点では、ある意味で無責任な立場にある者の発言といえる。しかしそうであってもやはりこれは、彼の本心から出た発言であって、後日関係者の注目するところとなるのである。

ニュルンベルクの党大会

ヒットラーがランツベルクの刑務所にいる間に、ナチス党をめぐっては党の内外にいろいろな動きがあり、党首不在の異常事態だったが、党の運動は確実に拡がりを見せていた。本部はミュンヘンにあったが、この頃には全国組織をもつようになっていたのだ。

ヒットラー不在中は、誰かが党の指導部にいなければならない。このときそこへ登場してきたのが、グレゴール・シュトラッサーという男だった。彼は早い時期に突撃隊員としてナチス党に入ってきたが、確固としたイデオロギーを持っていた。すなわちナチス党の掲げる国家社会主義思想に忠実だったのだ。彼はバイエルン人だったが、それまでは北ドイツにナチス党の勢力を拡げ、その方面の指導者になっていた。ヒットラーは自分が不在中は、その指揮をレームに任せてあったが、その力量はシュナトラッサーの比ではなかった。

一九二四年五月に第二回の国会総選挙が行われ、ナチス党は三十二の議席を獲得した。これはシュトラッサーの指導によるもので、この時の彼の功績は、党にとっても大きなものがあった。ナチス党はこの頃ではすでに全国に組織を持っていたが、国政選挙に出るのは初めてだった。いよいよ中央政界に駒を進めたということになる。そしてこの年の十二月になって、ヒットラーは刑務所から仮釈放された。刑期はまだ残っていたが、あと四年間保護観察下におかれることになったのだ。

ミュンヘン一揆から一年以上がたち、ドイツ国内の情勢も変化していた。だいいちに経済が安定に向かっていたのだ。それは同時に、エーベルト大統領の政治が徐々に正常さを取り戻しつつあるということでもあった。ナチス党や共産党の政治活動が禁止された後、早々にそれが解除になったのには政府側にそれを認めるだけの自信があったからである。ナチス党が今後過激な行動をとらないと約束したことは、社会がそうさせない状況になっていたということである。党もヒットラーも、今後の運動方針の転換を迫られたのだ。彼ははっきりとそれを認識しただろう。

第二回の国会総選挙でナチス党は三十二議席を獲得したものの、その半年後の十二月に行われた総選挙では、議席を十四に減らした。しかしそれは、それほど悲観することではなかった。もはやナチス党は、全国規模での選挙を行えるだけの政党になっていたのだ。それだけに今後は、一揆などという暴力行為は許されなかった。非合法ではなく、これからは合法的に活動しなければならない。党の再建はここから始まったといってよい。

一九二五年二月に、ヒットラーは何年か共に政治活動をしてきたルーデンドルフと、袂を分かつことになった。戦時中は将軍と伍長という身分に大きな違いはあったが、戦後はそれもなくなり、互いに同じような政治活動をするに至った。そのときヒットラーは、元将軍としてのルーデンドルフの名声を利用した。しかしその後いろいろな政治的な変事があって、元将軍の威光も地に落ちていた。ヒットラーはそこでルーデンドルフを見限ったのだ。冷淡な仕打ちだ。しかしこれが政界の現実なのだ。

ナチス党の再建の意味を込めて、ヒットラーは早速演説会を開いた。場所は一揆の出発点となったビュルガーブロイケラーである。この日は四千人の聴衆が集まった。演説のテーマと敵とする標的は、ユダヤ人と共産主義者だった。ベルリンの政府を攻撃することはない。これも運動方針の転換の一つだった。

次に彼が手がけたのは、突撃隊の再編だった。一揆の失敗によって、とかく暴力的な面があった突撃隊に対しては、各方面からの批判があった。しかしヒットラーは、当面その活動を自粛させたものの、隊そのものを縮少させたり解散させたりする気は毛頭なかった。それどころか彼は、突撃隊こそナチス党の根幹をなすものだと思っていたのだ。すなちそれは、闘う党としての象徴的な存在だったのだ。彼はその再編に腐心した。

そのために突撃隊は、見た目にも大衆から好感をもたれなければならない。好感とは美的な印象ということである。それにはまず服装だった。そこで彼は軍部に頼んで、ドイツがアフリカに植民地を持っていた頃に、現地の防衛隊に着せていたシャツと帽子を譲り受け、それを隊員に着せたのだ。そして隊員全員に、左腕にハーケンクロイツの腕章を巻かせた。これはよいアイデアで、いかにも統率がとれた感じになった。ここまでくると、これはもう軍隊だった。たしかにヒットラーは、突撃隊をナチス党の軍隊に仕上げようとしていたのである。

軍隊はまた行進しなければならない。行軍ではなく、ヒットラーの前での分列行進である。そこでは楽隊がワーグナー風の行進曲を演奏し、隊員は党首としての彼の前を行進する。そしてその周りには党の幹部が整列し、ヒットラーを守るようにして他の突撃隊員がそこを固める。民衆もそれを見ることが許されるが、彼らはやや遠くからその姿を見ることになる。今やヒットラーは、彼らからも近寄りがたい人物になりつつあったのだ。

組織の改革はまだ続く。次は親衛隊の新設である。ヒットラーは突撃隊の中から優秀な隊員を選び出して、彼の身辺を警護する者としてとりあえず八人を決めたのだ。これは体力だけではなく知的にも高い若者で、しかもヒットラーに対して絶対的な忠誠心を持つものでなければならない。この組織はやがて大きくなり、親衛隊（ＳＳ）となっていくのである。

まだある。次にヒットラーが目につけたのは、もっと若い青少年である。彼はベルリン市内などで、子供たちがともすれば堕落した大人たちの影響で、悪い遊びをしているのを目にして眉をひそめることがあった。これは一大事だった。青少年は、国家にとって次の時代の担い手である。その青年が健全に育たない国に未来はない。

そこまで考えて、彼は或る決断をした。突撃隊の下に、青少年を集めた下部組織を作り、それを自ら統率するというものだった。そしてグループの名を、「ヒットラーユーゲント」とするのである。なんと響きのよい言葉だろう。これはたんに党利党略のためにではない。真にドイツ国家の将来を考えての、ナチス党が行う一大施策なのである。ヒットラーユーゲントは、こうして一九二六年に発足したのである。

次にヒットラーが着手したのは、党内部の組織の再編だった。一口でいうと、全国に拡がった党の組織を、いかに党首である自分の許に集中させるかということである。一揆の失敗により党にとって痛手となったものの一つが、党首が一時的に不在となったことだ。それを北部において持ちこたえさせたのが、グレゴール・シュトラッサーだった。しかし今、ヒットラーが出所したからには、その主導権は彼に返らなければならない。ところがそうはならなかったのだ。

この頃ナチス党の勢力は、思ったよりも地方に滲透していた。特に北部ではそれが著しかった。ベルリンやハンブルクなどは人口も多く、労働者の質も高かった。そういう地域で、党首の自分よりもシュトラッサーらの影響が強いということは、ヒットラーとしても気になるところだった。今やナチス党は、本部がミュンヘンにあるといってもその求心力は弱く、勢力は分散化し、それどころか分裂状態になりかねないことになっていたのである。

シュトラッサーと一緒に活動している人物に、ヨーゼフ・ゲッベルスという男がいた。大学をいくつか渡り歩き、最終的にはハイデルベルク大学で哲学博士になったという変わり者だった。ヒットラーより八つ年下で、しかも彼と同じように、音楽にも絵画にも造詣が深いという男に、ヒットラーは好奇心以上のものを感じていた。それどころかこの頃では、ぜひともその男のことを確かめておきたいという、焦りの気持さえあったのだ。彼にはたしかに危機感があった。早くしないと、ゲッベルスを完全に敵に回してしまうのではないかという。

一九二六年一月、北部のハノーファで党の北部大管区指導会議が開かれた。グレゴール・シュトラッサーやゲッベルスが設営したものだ。ヒットラーは欠席した。国家社会主義といっても、もともと左翼的で純粋にその主義を信奉するシュトラッサーやゲッベルスの演説は、最近のヒットラーの言動を激しく攻撃するものだった。党の運動に金がかかるといって、資本家から献金を受けることは許されないというのだ。そしてついには、そのような党首としてのヒットラーを追放すべきだと叫んで、党員の盛大な拍手を受けるという始末だった。

ヒットラーはミュンヘンにいて、その会議の模様を報《し》らされた。たしかにシュトラッサーやゲッベルスの主張は、理屈のとおったものである。会議では二十五項目からなる綱領を廃し新しいものが採択されたというが、ヒットラーはそれを聞いて一時は激昂したものの、そのあと冷静になって、さきの綱領が実情に合っていないことを認めざるをえなかった。彼はこの事態を受け、対応に迫られた。

それから間もなく、ヒットラーはドイツ東部の中央にある古都バンベルクにおいて、党の指導者を集めての会議を開いた。そこにはもちろんシュトラッサーも出席した。ゲッベルスもそれに従うという形で会に同席した。会議が始まると、ヒットラーがいきなり演壇に立った。そのあと彼の演説が、延々と数時間にもおよんだのだ。さきのハノーファでの会議で決議された諸問題の一つ一つに反駁を加え、理論的ではあったがその口調は激しいものだった。そして要所要所で同意を求めるゼスチャーに、そこに集まった幹部連中が盛大な拍手を送って賛同したのだ。彼らは前もって、ヒットラーによって動員されたバイエルンの連中だった。

ヒットラーの雄弁と演出による会議は、まんまと成功した。会議の始まる前、バンベルクの町並みには、ハーケンクロイツの旗が多く棚引き、町の雰囲気は、ヒットラーのナチス党を心から歓迎しているように見える。これは北部の都市では見られない光景である。シュトラッサーは見慣れていたが、ゲッベルスには初めて味わう場面だった。彼は興奮した。

ヒットラーはゲッベルスの心をたしかに掴んだ。さらに彼はそのあと二か月後には、ゲッベルスをミュンヘンに招いて歓待し、また別の日にはビュルガーブロイケラーの演説会に彼を招いて、そこで十分な時間をさいて演説をさせたのだ。バイエルンの党員を前にしたゲッベルスの演説は、聴く者に大きな感銘を与えた。よく響く低音の美声、それに抑揚のきいたゆっくりとした語り口は、ヒットラーのそれとも違って彼もまた演説の天才だったのだ。

ヒットラーは満足した。今度のことは、何もかも成功したのだ。ゲッベルスは率直に、ヒットラーに敬服する態度を示した。これでベルリンとミュンヘンという南北の勢力が統一されたのだ。それに首都のベルリンにおける他の政党との理論闘争になれば、ゲッベルスの論調にはたしかに心強いものがある。ヒットラーはここに、党内における勢力争いに一つのけじめをつけたことになる。ゲッベルスを味方につけた彼のカリスマ性は、いよいよ怪しげな雰囲気を作り上げていく。

一九二六年七月に、ナチス党の第二回党大会が開かれた。場所はミュンヘンやニュルンベルクではなく、ワイマールでだった。戦後間もなく政府が置かれた、さほど大きくない都市である。どうしてそんな所での開催だったのか。それはヒットラーの言動がいまだに激しいものであるので、各州から公的な場所での演説が禁止されており、ワイマールがあるチューリンゲン州が例外だったのでそこを選んだのだ。彼はそこで演説をするにはしたが、大会はさえないものだった。

そこで翌年の一九二七年八月に、ふたたび党大会が開かれた。会場はやっとヒットラーの念願がかなって、ニュルンベルクと決まったのである。彼は前から、そこで開くことに固執していた。その理由が幾つかある。まずだいいちは、突撃隊員を多く全国から集合させるのに、そこがドイツの中心でないにしろ、鉄道網の要衝の地にあるということがある。またニュルンベルクそのものの歴史上、この都市が中世に、神聖ローマ帝国の帝国議会が開かれた場所であったということもあるのだ。ヒットラーには、歴史的なものへの拘《こだわ》りがいつもあったのだ。

さらに都合のよいことに、このときニュルンベルクの南東約四キロの地に、党大会を行うにふさわしい広大な土地があったのだ。一九〇六年に、バイエルン邦博覧会が開催された時に、林の中に造成された林苑ルートポルト・ハインという一帯で、そこはニュルンベルクの旧市街地のふた回りもあり、スタンド付きの会場も三、四か所もある広さだった。ヒットラーは幹部と下見して、そこを使うことを決めたのだ。

そしてもう一つの大きな理由は、ここがワーグナーの楽劇「ニュルンベルクのマイスタージンガー」の舞台であったからだ。ヒットラーの気持の中では、それが一番という思いがたしかにあったのだ。この作品は、ワーグナーの数ある作品、たとえば「タンホイザー」や「ローエングリーン」と比べても、最後の大団円《だいだんえん》などはいやがうえにもゲルマン民族の精神の高揚を歌いあげたもので、ヒットラーならずとも、ドイツ人の多くが我れを忘れて興奮する音楽である。その舞台となったのが、ここニュルンベルクなのである。党大会を開催するには格好の場所だったのだ。

大会はニュルンベルクの中央駅の前の広場での、ヒットラーの閲兵行進からはじまった。彼はメルセデル・ベンツのオープンカーの座席に立ち無帽だった。左手でズボンのベルトのバックルを押さえ、右手を前方に突きだす姿勢は、これからの閲兵の際の一つのスタイルとなった。また彼はシャツや上着のポケットの位置に、大戦中に与えられた鉄十字章をつけることにした。それは彼にとって、国家から与えられた最高の名誉な勲章だったのだ。

しかしこの大会は、ヒットラーが期待したほどには盛り上がらなかった。彼は生存圏拡大と反ユダヤ主義について演説したが、新しい主張は殆どなく、党員二万人が参加した大衆行動も統率がとれたものとは言い難く、これは今後の反省材料となった。

この頃ドイツを取り巻く内外の情勢には、戦後の混乱状態から脱しつつある面と、産業や庶民生活の改善はそれほど進んでいない面とがあったが、ともかくも未来に向かって歩み始めているという状況にあった。ヒットラーらの党活動が活発化している同じ頃、戦後の国際社会においで、ドイツの存在は再び注目されつつあったのだ。そして一九二六年九月に、ドイツは国際連盟に加入することが正式に承認され、同時に常任理事国にも選出されたのだ。ドイツにとっては、これは大きな第一歩だった。

遡ってその前年には、大統領のフリードリッヒ・エーベルトが急死して、そのあとの大統領には陸軍元帥のパウル・フォン・ヒンデンブルクがなった。しかし彼はもう七十八歳の老人だった。それ以外に大統領になる人物はいなかったのか。

また一九二八年五月には第四回国会総選挙が行われ、ナチス党は十二議席しか取れなかったが、着実に中央政界における党の基盤を固めつつあった。なおこのときは、社会民主党が大きく躍進した。

続いて一九二九年年五月のメーデーの日、ベルリンで共産主義者が非合法のデモを行い、これに対してベルリン警視総監指揮の警察隊が発砲して、流血の暴動事件となった。死者三十一人と百人の負傷者、一二〇〇人の逮捕者を出した。共産党の活動家はいつまでも暴力的だった。ナチス党はミュンヘン一揆以来、それを自戒している。

ところがここに、世界中を驚かす出来事が発生したのだ。一九二九年十月二十四日（木）に、アメリカウォール街のニューヨーク株式市場において株価が急激に下落して、これが金融界を始めとする各国の経済に大きな打撃を与え、世界は不景気のどん底へと突き落とされていくことになった。いわゆる「暗黒の木曜日」が発生したのだ。

これにはもちろん、そうなるべき前兆があった。発生源はアメリカである。そのアメリカは、さきの大戦では殆ど傷つくことなく戦勝国となった。ヨーロッパの戦勝国といっても、その国土は敗戦国と同じように荒廃し疲弊していた。そうした中にあって、その後アメリカだけが経済的に繁栄したのだ。勢い産業界は、物が過剰生産になり金融界は投機的になり、株価は実情に合わないくらいに上昇した。そしてその揚げ句の果てが株価の大暴落である。

その影響は世界じゅうに拡がり、ドイツでは工業生産低下率が五二％となり、失業率も一挙に増大した。失業率の増大は勤労者の深刻な問題だったが、このときの社会不安は農民層にも及び、農村社会層の分解と、彼らの農地喪失という破滅的な現象を呈するに至ったのである。

ところがこの時、ナチス党も党内において憂慮すべき問題をかかえていたのである。指導部層が依然として分裂状態にあり、その解決がいまだになされていなかったのだ。すなわちベルリンなどドイツ北部で活動しているグレゴール・シュトラッサーと弟のオットーらが、党首のヒットラーのやり方をいまもって攻撃していたのである。これでは党は分裂しかねない。

そこで彼は、ゲッベルスに対して、弟のオットーを厳しく処分するように命じたのである。ゲッベルスはこれに対してベルリンで党の役員会を開いて、オットーら一派の分派活動を厳しく追及した。そして彼らの党からの追放を決めたのだ。これで党内の紛争は一応解決した。しかし問題は残った。

そもそもシュトラッサー兄弟の活動は、ナチス党本来のイデオロギーに沿ったものである。

ところが党首であるヒットラーの最近の言動には、そこから逸脱したものが見られるというものだ。たしかにそれはある。最近ではドイツの大企業から多額の資金を寄付されたり、また外国の、たとえばアメリカのロックフェラーなどの金融資本の代表らから、ナチス党に資金的に援助するとして一〇〇〇万ドルの寄付を受けたりしたのだ。党の運営には金がかかる。しかしその出所が悪いというのだ。ナチス党結成当時に掲げた公約から道が外れていると、シュトラッサー兄弟は叫んでいたのだ。

しかしヒットラーにも言い分はある。政党というものは生き物である。その結党時には、たしかに目標が達成できそうなスローガンを掲げるだろう。しかし運動を進めていくうちに、いろいろな障害にぶつかる。そこで公約の実現不可能な事態にもなる。そうした場合には、多少の針路変更は必要なのだ。活動はより現実的なものである。

例えば、ナチス党の綱領十七条に、土地問題について掲げている部分がある。そこでは土地投機の防止を謳っているのだ。しかし土地というのは都会でも農村でも、個人で所有しているものがかなり多い。それを一概に投機として決めつけることはできないのだ。そこでヒットラーはその綱領に追補して、私有財産制を明言しているのである。国民生活の実態に合わせて、そうしたのである。政党活動は杓子定規ではできないということを彼は認め、それを改めたのだ。

党内問題が片づいたところで、ヒットラーとナチス党は、いよいよ政権奪取へと動きだした。この年の七月に国会が解散し、九月に選挙が行われ、ナチス党は一〇七の議席を獲得した。党は確実に前進している。ドイツ国民の期待が次第に大きくなっていくのが分かる。ところがここにきて、それが近隣諸国の識者の関心事となり、不穏な印象を与えることになったのだ。過去の過激なヒットラーの言動を知れば、彼らが不安を感じるのは頷ける。

その半年後に、イギリスのロンドン・デイリー・エクスプレス紙のデルマーという記者がミュンヘンにやってきて、ヒットラーに会見を申し入れ、彼はそれに応じている。そしてヒットラーは、自分の今後の政策についてその記者に述べた。一つは、さきの大戦により敗戦国になったドイツに課せられた、戦時賠償負債を解除するようにというもの。そしてもう一つは、彼のかねてからの持論である東方政策、つまりドイツ人のソ連邦領内への大量移住という考えを、いまだに持っているということを明言したのである。

現在のドイツの政権担当者でないにしろ、これは余りにも大胆な彼の発言である。従来の彼の確固とした考えを述べたものではあるが、公党の指導者としての言葉としては、無責任というか、周囲の関係者に対しては、まるで爆弾を投げつけたようなものだった。このことにより、少なくともイギリスの政治家に与えた影響は大きい。

このあとヒットラーの私事について、大きな出来事があった。それは彼が、ミュンヘンのアパートを借り、そこに同居していた姪のアンゲラ・ラウバル、つまりヒットラーの姉の娘になる彼女が、彼の留守中にピストル自殺をする事件があったのだ。その衝撃は大きかったが、彼は後日その遺体をウィーンの墓地に埋葬させた。彼の数少ない女性関係の、特異な一事件だった。一九三一年九月の出来事だった。

翌一九三二年になると、いよいよヒットラーの政権奪取に向けての行動が活発になる。このときの大統領はヒンデンブルク元帥で、ドイツは失業者六〇〇万人という大不況下にあった。そして政局はそのヒンデンブルクを中心にして、ヒットラーもまたそこに割って入り、ドイツの古参の政治家や将軍たちを巻き込んでの政争が、どろどろとしたものへと発展していくのである。詳細な事例を省略しながらその経過を追っていく。

一九三二年二月に、ヒットラーは大統領選挙への出馬を表明。そのために彼は、いままで迂闊にもオーストリア国籍のままでいたのを、慌ててドイツ国籍取得のための手続きをとった。同じ年の三月十三日の第一回大統領選挙で、ヒンデンブルクは一八六五万票、ヒットラーは一一三三万票を獲得。予想外の善戦。

続く四月十日の第二回目の投票で、結局ヒンデンブルクが再選され、ヒットラーは次点となる。

五月三十日　ブリューニング内閣総辞職。

六月一日　フランツ・フォン・パーペン内閣成立。

七月三十一日　国会総選挙、ナチス党が投票率三七・四％で第一党となる。
八月三十一日　ヒンデンブルク大統領、ヒットラーを引見。連立政権の副首相として入閣を説諭するが、彼は首相就任以外は拒絶する。
八月三十日　国会議長選挙行われる。ゲーリンクが議長に就任。
九月九日　本国会召集。
九月十二日　国会開催するも、この日解散。
十一月六日　国会総選挙。ナチス党は第一党に成るも議席を減らす。
十一月十三日　首相のパーペンは、ヒットラーに国民集中内閣を結成するための手紙を書く。
十一月十六日　ヒットラー、これを拒絶する手紙を書く。
十一月十七日　パーペン内閣総辞職。
十一月十八日　ヒンデンブルク、ベルリンのカイザーホーフに滞在するヒットラーを招聘して、内々に会談。
十一月十九日〜二十一日　ヒットラーとゲーリング、ヒンデンブルクから二回目の招聘を受ける。ヒットラーは、大統領直属内閣（超然内閣）の受託可能性を示唆した手紙を書く。
十一月下旬、テュッセン、クルップら著名な実業家が、大統領に書簡を送り、ヒットラー内閣の成立を要請する。
十二月二日　大統領はクルト・フォン・シュライヒャー国防相に組閣を命じる。

十二月三日　シュライヒャー将軍が首相として、共和国最後の内閣を組織する。

翌一九三三年一月二十八日　シュライヒャー内閣総辞職。

とここまでは、ヒンデンブルク大統領を始めとして、政治家たちの虚々実々の駆け引きが繰り拡げられた。男たちが目まぐるしく動き回ったのだ。

そして一月三十日、ヒンデンブルク大統領は不本意ながら、ついにヒットラーを首相に任命したのだ。紆余屈折はあったが、有力実業家たちのヒンデンブルクに対する進言が多く物を言ったようだ。この日からドイツは、ナチスドイツとしての第一歩を踏み出すことになる。

第六章　大ドイツ建設

首相就任と第三帝国

その日の夜、ゲッベルスが招集した突撃隊を始めとするナチス党のあらゆる団体が、ベルリンの中心部で行進を開始した。軍楽隊が隊列の所々に入って、ナチス党の党歌「ホルスト・ヴェッセル」や、ドイツ陸軍が使っている軍歌が交互に繰り返し演奏され、男たちが合唱した。

行進はブランデンブルク門を潜り、ヴィルヘルムシュトラーセの首相官邸に向かった。そしてヒットラーのいる二階の窓の下までくると、「ジーク・ハイル、ジーク・ハイル！」と叫び声をあげ、続いて「ホルスト・ヴェッセル」を高唱したのだ。それに応えて、ヒットラーは窓から身を乗り出すようにして手を振った。そこに集まった誰もが興奮して大声で叫んだ。いよいよナチスドイツの幕開けだった。

ヒットラーの胸の内には去来するものがあった。かってあの若き青年時代の日に、ワーグナーの歌劇「リエンツェ」を聴いたあと、自分はドイツ民族の護民官になるのだと決意したあの日のことを。彼はそれを思い出した。そしてその夢を、今まさに実行しようとする時にきたのだと。彼は改めてそれを決心した。

ナチス党党首からドイツの首相になったことで、その政治姿勢は変わるのか。今まで党活動の中で主張してきたスローガンを、そのまま引き継いで実行するのか。そう考えて、彼はこのとき一瞬逡巡したか。しかしそれはなかった。すなわち大ドイツ建設と、ゲルマン民族としてのドイツ民族の健全な育成、それに東方政策と。ただ今まで声高に叫んできた反ユダヤの問題は、ここにあげた三つの政策とは別問題だった。国政ではなく、別の次元で取り上げる問題だったのだ。そしてそれは決して手を緩める問題でもなかったのだ。

その首相就任直後からのヒットラーの周りでは、政治的動きが目まぐるしく起きた。まず彼は、ヒンデンブルクに強要して国会を解散させた。一応そうしておいて次の施策を模索した。またラジオで国民に向けて演説を行った。「全ドイツ国民に対する告諭」と題して、自分の政策を訴えた。

また折から開催されたベルリンのモーターショーに出席したり、ライプツィヒで行われた、ワーグナーの死後五〇周年記念祝典に出席したりして忙しかった。そのあとにはミュンヘンやニュルンベルクへ行って、演説もしているのである。そして三月五日に国会総選挙を行い、ナチス党は二八八議席を、一方の共産党は八一議席を獲得した。

ここへきて、ヒットラーの共産党に対する弾圧が始まった。すなわち三月九日になって、共産党員の国会議席を剥奪し、八一名の共産党国会議員資格を抹殺した。実質上共産党を禁止したのである。この一連の措置は、その直前にあった或る事件をきっかけとして行われたのである。その事件とは――。

この少し前の二月二十七日、ベルリンの国会議事堂が何者かによって放火され炎上したのだ。そして放火犯人として、オランダ人の若者マリヌス・ファン・デル・ルッペが逮捕された。彼は共産党員だった。翌日、政府はいっせいに共産党員に対する取り締まりを始めたのだ。共産党員に対する弾圧はここから始まった。

しかし後日、この放火犯人はルッペではないという疑いがもたれた。では誰が犯人なのか。それを断定した証拠は何もない。だがそれを想像することはできる。それはこともあろうに、議長のゲーリングが手下を使って、議長の公邸から議事堂に通じる地下道を通って、そこに火を放ったというのである。いかにもゲーリングらしい荒っぽいやり方だった。共産党弾圧については、こうした一連の陰謀的な動きがあった。それはヒットラーの思いどおりにいったのだ。そして次には、彼が万を持して作りあげた政治ショーを演じることになる。

三月二十一日に選挙後の新しい国会の開会式が行われた。場所はベルリン西部のポツダムにある、守備隊教会が当てられた。帝国議事堂が焼け落ちて、臨時の議事堂はその西側にあるクロル・オペラの建物が使われることになっていた。しかし、開会式だけはその教会で行われることになったのだ。

開会式にはヒンデンブルク大統領を始めとして、政府や軍の関係者、それにオランダに亡命していた前の皇帝ヴィルヘルム二世の縁者、つまり皇族たちの何人かも出席する、ものものしくも厳粛な雰囲気の中で行われたのだ。ヒットラーはモーニング姿で、陸軍元帥の正装で身を正した大統領の前に立った。そこにはラジオ用のマイクもあって、彼の挨拶は全ドイツ国民に向けられたものでもあったのだ。ヒットラーは緊張しながらも、誠実な態度と口調でヒンデンブルクの業績を称え、そしてドイツの復興を国民に向かって訴えた。

1933年3月21日、ポツダムの教会で所信演説をするヒットラー

新首相のこの演説に、大統領は感動した。そしてヒットラーと固く握手を交わしたあと、フリードリヒ大王の遺骨に花輪を捧げて式は終わったのだ。

短い式だったがその模様はラジオによって全国に放送された。また式場に居並んだ政府関係者や軍関係者たちも、ヒットラーのこの演説には感銘を受け、そして安堵の胸をなで下ろしたのである。式典は成功裡に終わった。そのすべてをゲッベルスが演出したのである。

その日の午後、すなわち三月二十一日から二十三日までの三日間、新しい国会の議事がクロル・オペラハウスで開かれた。いよいよヒットラー内閣が動き出したのだ。議場はポツダム兵営の所属教会の雰囲気から一変した。議場中央の背後にハーケンクロイツの旗が垂れ下がり、議会内の各所をＳＡやＳＳの隊員が固めた。そこにはもはや、民主主義的なものは何もなかった。

そしてそこで審議されたのが「民族及びドイツ国の国難の除去のための法律」、略して「全権委任法」と呼ばれる法律だった。一口で言うと、首相であるヒットラーは、法令を制定したり外国との条約の締結にあたっては、国会や大統領の承認も署名も必要なくその権限を履行できるというものだった。ここにヒットラーの独裁権が、法律的に確立されたのである。この法律は翌三月二十四日に発効し、ヒットラーの政治がこの時から始まった。彼の決意と行動は素早いものだった。

その後の政情は目まぐるしく変わり、それをいちいち解説していることはできないので、主なものを簡略して記述する。ただ政権発足当時のいろいろな政策や行事には、政府が行うものと、ナチス党が行うものとがあり、さらに両者が一体となって行ったものもあり、その区別は判然としない面がある。

四月一日に、これは党が主導してやったものか、ユダヤ人に対する迫害が早くも始まって、彼らの会社や商店に対する、全国的なボイコット運動が組織的に実施されたが、これは翌日には中止された。一般の市民には不評だったようだ。執行部は、市民感情がなかなか手強いことを知らされただろう。

四月十日、五月一日のメーデーの日を「国民労働祭日」と設定。

五月十日、ゲッベルスが、ベルリンのオペラ座横の広場に「非ドイツ的な書籍」を集め、いわゆる焚書を実施。ナチス党の運動の中でも、特に眉をひそめさすものとして、世間から注目された。

六月二日、ヒットラーが今後の第三帝国の指導者名を布告。総統ヒットラー。総統代理ヘス。総統後継ゲーリングなど。第三帝国とは、十一世紀から十九世紀の初めまで続いたドイツ民族を中心とした神聖ローマ帝国を始まりとし、宰相ビスマルクを擁し、プロイセンを中心として統一されたドイツ帝国を第二帝国とし、それに続くヒットラー政権を第三帝国とするという考えをもとに称《とな》えられたのもである。

七月六日、ヒットラーはベルリンでの地方長官会議で、ナチス党による「国民革命」は完了したと宣言した。しかしこれは、一般の国民に向けての公式な宣言ではない。このため後日、すなわち一九三四年八月になって、ヒットラーはこう宣言した。「政府の頂点から全行政機構を経て、末端の地方の指導部にいたるまで、ドイツ帝国は今日ではナチス党の掌中にある。——国家権力をめぐる闘争は今日をもって終わった」と。

解説はどのようにもなされるが、国家としてのドイツとナチス党が、ここに一体となったということである。ヒットラーとナチス党にとっては、長い党活動の歴史の終わりだった。一国の政府が、一つの政党によって取って変えられるというのは、フランス革命の時にもなかったことだ。しかしレーニンとスターリンによるロシアではこれが行われ、ソ連という共産主義国家が誕生した。ヒットラーとナチスはこれに倣ったのか。

ナチスドイツの政治行動はさらに活発になる。この七月十五日には、イタリアのローマで、ムッソリーニの主導のもとに、イギリス、フランス、ドイツ、イタリアの間で欧州平和協力条約が成立した。ムッソリーニはヒットラーと同じ独裁者と言われるが、その見識は高く、国際政治をよく見極め、相手に対してもより妥協的だった。

この年の十月には、ドイツが正式に国際連盟から脱退した。これはそれより以前の三月に、日本がすでに連盟から脱退していたのでそれに倣ったものだ。この頃からドイツと日本は、国際的に孤立化して危ない方向に向かっていく。ともに軍事力を持った大国である。

翌一九三四年一月になって、ドイツは隣国ポーランドとの間に、十年間の不可侵条約を締結したのだ。これには関係各国が驚いた。世界大戦後、ドイツはその領土のかなりの部分をポーランドに割譲され、その怨みはドイツ国民に根強くある。いわば両国はこのときになっても敵対関係にあるといってよい。それが不可侵条約を結ぶなどと、誰が想像しただろう。これにはポーランド側の弱味があり、かつ大統領のピウスツキ元帥が、ヒットラーに好意的だったという要素もあったのだ。いずれにしてもこれは、ヒットラーの巧妙な罠だった。

六月十四日から十六日まで、ヒットラーは外相のノイラートを伴って、空路イタリアのヴェネツィアに行きムッソリーニに会う。彼は初めての外国旅行だったのだ。二人の会話は、ヒットラーにはぎこちないものだった。それに人格的にもムッソリーニの方が格が上だった。彼は堂々としていた。しかしともかくも、両国の首脳がここで会ったことは、その意味は大きい。ヒットラーはムッソリーニに対して、同じゲルマン民族として、ドイツがオーストリアを合併すると熱弁をふるったのだ。彼は次第に、外交の舞台に足を踏み出していく。

六月二十一日。ヒットラーはムッソリーニとの会談の結果をヒンデンブルク大統領に報告。その席上大統領は、最近のSAの暴力的な活動を厳しく責め、彼に対してはその指揮権を陸軍に引き渡すと警告する。

ヒットラーはそこまで言われて、慌ててSAの幹部連中の逮捕と粛正に乗り出す。そしてSAの最高指導者エルンスト・レームを処刑するのだ。これが六月三十日から七月一日までのことである。いずれそういうことになるのだった。ナチス党にとっては、厄介者が一つ排除されたのだ。

同じ年の八月二日に、大統領のヒンデンブルクが死去（八七歳）。八月六日にその葬儀が行

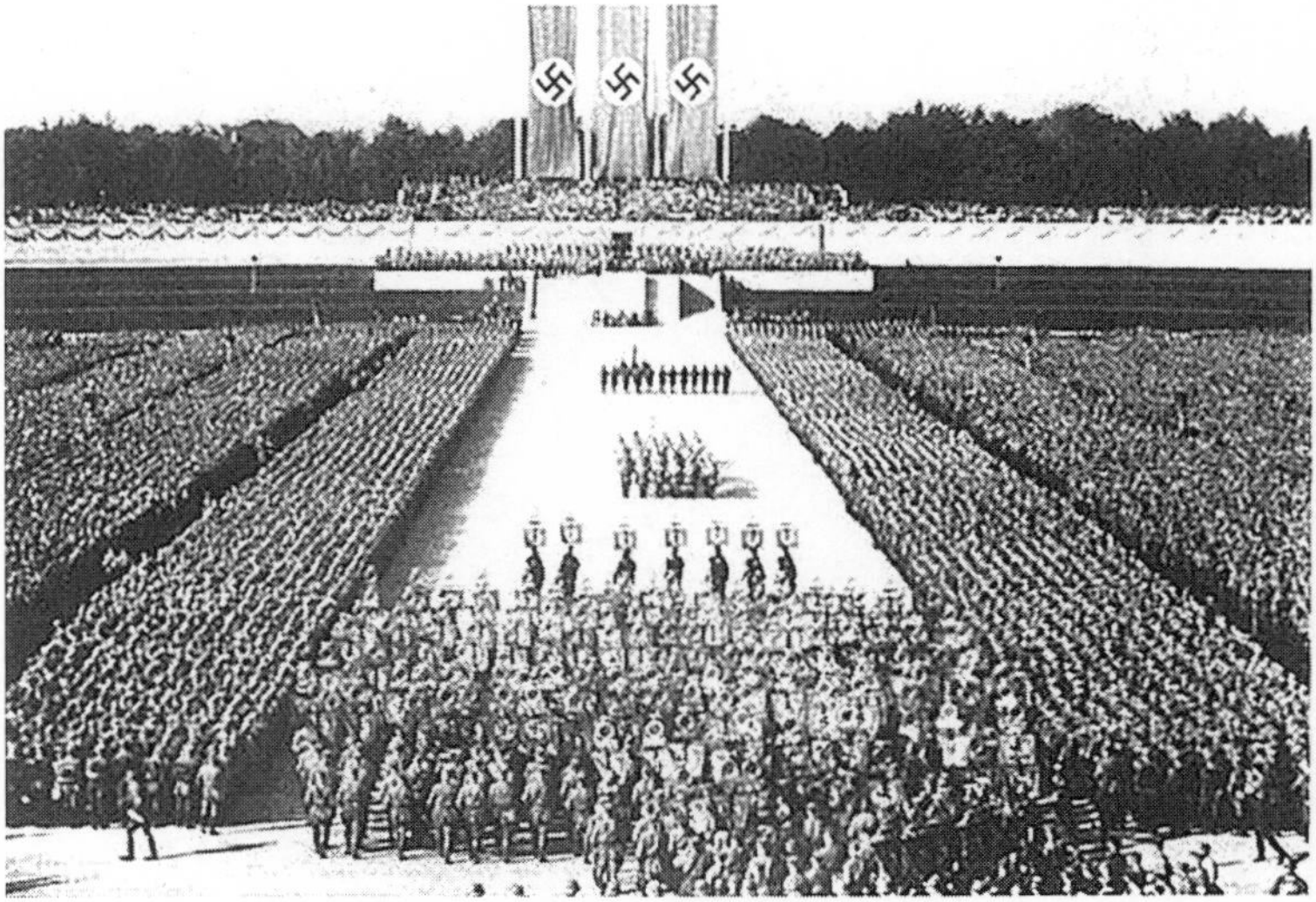

ニュルンベルクでの第六回ナチス党大会

われた。

九月四日～十日。第六回ナチス全国党大会が、「統一と力の党大会」と称して、ニュルンベルクで大々的に開催された。ＳＡやＳＳの隊員十万人以上を動員しただけでなく、民族衣裳で着飾った女性たちや、鼓笛隊の少年たち。それに農民団体や鉱業労働者や国防軍の軍隊までを登場させた党大会は、まさに民族の祭典とも言うべきか。それを女性映画監督のレニ・リーフェンシュタールが「意志の勝利」として記録映画化したのである。それを観ながら、当時の状況を追想してみる。

まず会場は、ニュルンベルクの旧市街地。そしてその南東側約四キロの地にある、ルーイトポルト・ハインの林苑にある広大な広場。その広場からは南に、飛行機の滑走路のような幅八〇メートルの舗装された道路が二キロ

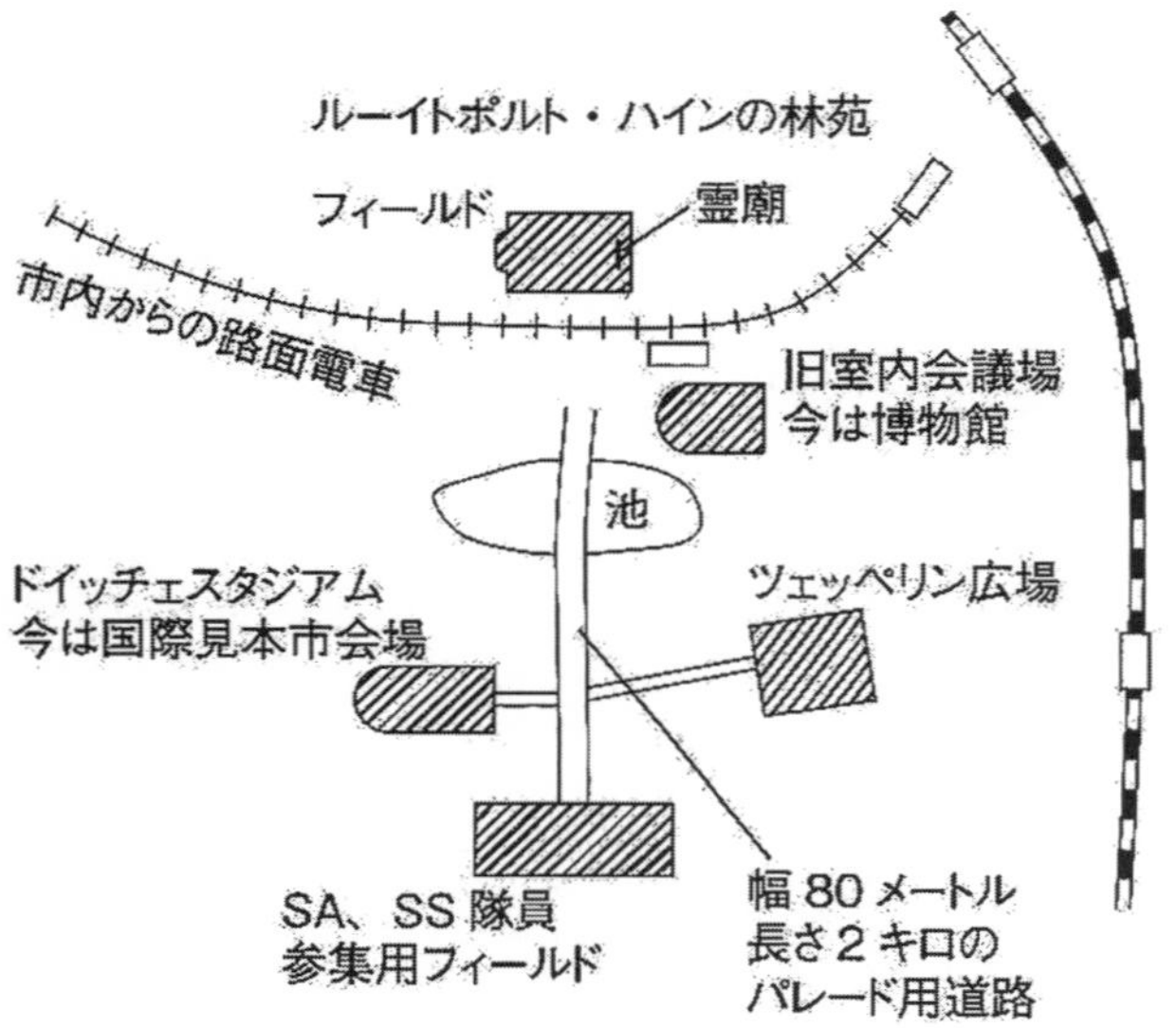

ニュルンベルク党大会野外会場

霊廟前からニュルンベルクの党大会広場を見る（著者撮影）。かつて正面の高台には、巨大なハーケンクロイツの旗が３本立っていた。

にわたって延びている。その傍らにはドイッチェスタジアムがあり、またツエッペリン広場もある。大会はそれらの施設を使用して連日、延々と行われたのだ。

その始まりはニュルンベルクの旧市街地の聖母教会の前にある、マルクト広場からだった。

メルセデルベンツのオープンカーの上に立ったヒットラーが、その前を行進するSAやSSの隊員を閲兵する。彼は例によって右手を前方に差し出し、左手でベルトのバックルを摑むという、すでに形づくられた動作をする。そのスタイルは最後まで変わらない。

それを見守るニュルンベルクの市民は、密集した建物の三階や四階からも身を乗り出し、男も女も子供も、満面の笑みを浮かべて歓声を上げて右手を差し出すのだ。街にはいたる処にハーケンクロイツの旗が掲げられていて、行進する隊員の強張った顔とは対照的な市民のこの表情は、決して強いられたものではないことが分かる。それは一種の、民族の高揚感のようなものだ。隊列は長々と続きくが、やがて市の城門から外へ出ていく。

次は、あの滑走路のような大通りが舞台になる。そこではまず女性たち、それは老若を問わない彼女たちが華やかな民族衣裳を頭から足の先まで着飾って、行進ではなくゆったりと歩くのだ。周りにはこれも老若男女が付きまとい、これはもうお祭り気分だ。党大会の行事とはまったく違う雰囲気のように見えるが、これも一つの計画的な行事なのか。ここにも強いられたものはなく、ただ笑顔と陽気さだけがある。

そして次は一転して、会場はルーイトポルト・ハインの広場へと移る。SAやSSの隊員十万人を動員したその盛大さが、会場いっぱいに満ち満ちている。広場の真ん中に一本の広い通路があり、そこをヒットラーら幹部が、式次第により行ったり来たりするのだ。広場の正面の高台には、巨大なハーケンクロイツの旗が三本垂れ下がり、左右の高いスタンドの後ろにも無数の旗が立つ。通路を挟んだ十万の隊員は、整然としてそこにブロックごとに居並び、スタンドには平服の市民や党員が、熱い視線でもってそれを見下ろす。

式典は終わりがないと思われるほどに延々と続く。やがて夜になってもそれは続くのだ。その間にヒットラーは何回か演説をする。その二、三を紹介する。

まず彼はナチス党は今後も国家社会主義政党であることを宣言した。そしてドイツの青少年に向かっては、「平和を愛し、強くなれ」と訓示する。また党員全体に対しては、大ドイツ建設のために全ドイツの力を結集せよと絶叫したのだ。その間に党幹部のハンス・フランクやロベルト・ライの短い演説があったが、彼らの口調はヒットラーのそれを真似たもので、どこか毒々しく不気味でさえある。

その後映画は夜の場面になり、ドイッチェスタジアムでのヒットラーの締めくくりの演説があり、ナチス党の党歌「ホルスト・ベッセル」が、ゆっくりとしたテンポで合唱され、それが霧の中に消えていくような場面で終わる。

それはどこか、悲劇的なものの、夢のあとのような印象を受けるのだ。

このあとナチス党大会は、一九三五年に第七回大会が、一九三六年九月には第八回大会が開かれるが、今後の党の活動は次第にドイツ政府の施策と一体となっていく。ヒットラー自身も、ナチス党の党首というよりも、これからは首相としての業務が忙しくなっていくのである。ドイツをどこへ連れていこうとするのか。

ドイツ国民の日常生活

一九三六年八月に、ベルリンでオリンピック大会が開かれた。これはヒットラーにとっては幸運だった。彼が企画したものではなく、前からそう決まっていたのだ。しかしこの好機をドイツもヒットラーもうまく利用したのだ。それは入場式などドイツ人らしい演出によって、観客もラジオで聴いていた国民も大いに感激したのだ。多少の問題はあったが、大会は大成功のうちに終わり、ヒットラー個人の人気もいやがうえにもあがったのだ。

この頃ドイツ国民、つまり庶民の生活はどうだったか。ベルリン・オリンピックがあったあと二年ほどは、市民生活は平穏で、彼らは自分たちの生活にほぼ満足していた。外交問題で政府が時として強硬な態度をとり、それが国際的にドイツが不利になるのではないかという不安を感じたとしても、国内的には、仕事もあり治安もよいということで、彼らは安心していた。

ところがその頃から、市民は防空演習とか灯火管制という、戦争を意識した行動をとらされることになったのだ。まだどこかの国と戦争が始まるという具体的なことは分からない。ラジオのニュースでもそんな報告は聞かない。それに軍需工場などに働く労働者が増えたという彼らの身近な出来事は、むしろドイツ人特有の勤労意欲の旺盛さを著すものであり、それを不安に思うことはなかった。

ナチス党は社会主義政党である。であるならば市民が労働に精を出し、体育に励み、勉学にいそしむことはより好ましいことである。とはいえ労働者が朝から晩まで、また休暇もとらずに働くということではない。この頃の労働者の賃金は高く、生活にも余裕があった。このため彼らは、週末などはよく休むという。サボタージュということではないが、働くことに生きがいを感じるということでもないのだ。

社会の隅々までに、ナチス党員が国民を監視しているかといえば、そうではない。ナチス党員がいくら増えたといっても、国民の数からすればしれている。しかしあえて反抗することもない。党が国民の健康増進のために、若い女性の器械体操や徒競走などを写真入りで載せている書籍などは、概して好感をもって受け入れられている。そしてヒットラー・ユーゲントの活躍にしても、多少の問題はあっても、国民には頼もしく見られているのだ。

ドイツ人は音楽好きだ。ところがナチスは、同じドイツ人の作曲家メンデルスゾーンの作品を演奏禁止にした。理由は彼がユダヤ人だからである。そしてもう一人の作曲家ヨハン・シュトラウスの作品も、同じく禁止したのだ。ところがこれに対して民衆が声をあげたのだ。シュトラウスは、ワルツ「美しき碧きドナウ」などの作品により、広く民衆に愛されている作曲家である。いくらユダヤ人といっても、彼の作品を民衆から取り上げることはできないと、大きな声で反対したのだ。ナチスはやむをえず、この措置を撤回した。

そして後日、戦争が始まってからでも同じようなことが起こった。それはフランスの作曲家ビゼーのオペラ「カルメン」について、これも敵性音楽だとして禁止したが、またもや民衆の反対によって「カルメン」だけはよいということになったのだ。権力者は民衆の心までを奪うことはできなかったのだ。

ここで少し話は違うが、ヒットラーを始めとして、ナチス党の幹部の私生活について述べてみたい。一口でいうとヒットラーの私生活など、極めて倹《つま》しいものだった。それは同じ独裁者のムッソリーニも同じで、彼は側近が調度品など高価なものを勧めると、そんなものは必要ないと断ったという。彼の政治活動の始まりは、社会党員としてだった。

ヒットラーにとってもそれは同じで、身の周りにあるものはたいしたものはない。あるときゲッベルスが、総統ならベルリンの郊外に別荘など持ってはどうですかと勧めたところ、彼は、自分はそんなに金持ちではないといって、恥ずかしそうに断ったのだ。また彼は大の音楽好きで、側近が著名な音楽家を官邸に招いて、そこで聴いたらどうですかと進言したところ、それはできないとこれも断ったのだ。公私混同になるという思いからだ。そしてニュルンベルクの州立オペラ座で、ワーグナーの楽劇が上演されると聞くや、彼は自分でチケットを手配して、私的な行動としてベルリンからそこへ向かったという。

また副総統のヘスは機械いじりが好きで、自動車や航空機に興味をもった。そして日曜日など、スポーツカーを自ら運転してガソリンスタンドへ行き、ドライブを楽しむのだった。もちろんガソリン代は自分持ちである。二人には贅を求める気持は全くない。ミュンヘンでの党のクリスマス・パーティーなど、木の机の上に蝋燭を置き、コーヒーと小さなケーキを食べるだけだった。

ゲーリングは夫人がスエーデンの貴族で、彼は狩猟好きで郊外に別荘を持っていたが、夫人の死後は淋しい思いをしただろう。ゲッベルスは女性とのスキャンダルがあり、ベルリンの郊外の森の中に小さな別荘を一軒持っていたが、たいしたものではない。家族の住宅も、これもベルリンの郊外に、それほど広くない芝生の庭がある程度のものである。ヒットラーの意向からか、或いは社会主義政党の党員であることからか、彼らの日常生活はその程度ものだった。

オーストリアとチェコスロバキア

この頃から溯って一九三五年三月に、ヒットラーはヴェルサイユ条約の軍備制限条項を廃棄してドイツの再軍備を宣言した。その少し前に、フランスに占領されていたザール地方をドイツに復帰させたことにより、彼はドイツの軍事力と自分の外交に自信をもったのだ。その気持の中には逸《はや》るものがあった。その先に何を見すえていたのか。

ついで十月には、イタリアからチアノ外相がヒットラーのオーバーザルツブルクにある山荘を訪れ、いわゆる「ベルリン・ローマ枢軸協定」が結ばれた。これからはドイツとイタリアの関係が、国際政治の中でより際立ったものになっていく。これはどういう勢力に対してのものか。

さらに一九三六年十一月には、ドイツと日本の間に防共協定が締結された。これはもちろん、両国とも共産主義国のソ連（ロシア）を意識したものである。

そして翌一九三七年十一月には、そこへイタリアをも引き込んで、三国による防共協定が締結されたのだ。日本もイタリアも、国内でいろいろな論議あったものの、ヒットラーの強引な交渉によってそうなったのだ。ソ連に対する彼の対応は、これで一応整ったことになる。

そして次には、ヒットラーが胸に抱いていた大きな懸案事項について手を打った。それはオーストリアをドイツに合邦させるという策略だった。一九三八年三月十二日、ドイツ軍がオーストリアに侵入を開始した。ついで自らも、参謀長のカイテル将軍とともに、ベルリンからミュンヘンへ、そこからは自動車で生まれ故郷のブラウナウやランバッハやリンツを通りウィーンに向かった。

その日ドイツ軍はウィーンに入城したが、抵抗はいっさいなかった。のみならず市民からは、深夜にもかかわらず熱狂的に歓迎されたのだ。同じドイツ人が、一つの国家の許に集結するというのは、オーストリアの国民にとっても一つの夢だったのだ。必ずしも強制されたものではない。こうしてオーストリアはドイツに併合されたのだ。これを「アンシュルス」という。ただここに至るまでには、政治的にかなり紆余屈折があったことは事実である。

つぎにヒットラーが標的にしたのは、これも隣国のチェコ・スロバキアである。この国は、大戦後に生まれた新しい国家である。それ以前はオーストリア・ハンガリー帝国の支配下にあり、かってはボヘミア王国などといっていた。ある時代にそのボヘミア王国から、ドイツ人に対して、ある地方に入植して農業を始めとする殖産事業に協力してほしいという要請があったのだ。先進国ドイツ人の高い技術力に期待してのことである。そこで多くのドイツ人が入植したのが、チェコの西部一帯のズデーテン地方なのである。いわゆるズデーテンドイツという一帯である。ヒットラーはそこへ目を付けたのである。

チェコはスラブ系の人種の国家である。オーストリアに対して行ったような、手荒なやり方は通じない。そこでヒットラーは、周辺の大国イギリス、フランス、イタリアの首脳たちと、ズデーテン地方のドイツ人保護という名目での会議を策したのである。

イギリスやフランスなどは、すでにドイツの軍事力を怖れるようになっていた。もしヒットラーがその軍事力によってチェコに攻め込むことになれば、それはもう戦争だった。そうなればドイツとチェコの二国間だけの問題ではない。火の粉は周辺の国々にも飛び散る。そこで彼らは、ヒットラーの思いどおりにミュンヘンに集まって、問題解決のめたの会議を始めたのである。いわゆ「ミュンヘン会談」である。これが一九三八年九月三十日のことである。

その結果ズデーテン地方は、ドイツに割譲されることになった。会議の席上にチェコ政府

1938年イタリアとドイツの首脳会談のあと会場を出るヒットラーとムッソリーニ。両側にゲーリングとイタリアの外相チアノの顔も見える（ミュンヘンにて）

の代表が参加することもできずに、外国の政治家によって勝手に決められたのだ。なんという惨《むご》い仕打ちか。その後翌年の三月になって、ドイツ軍はチェコに侵入して占領した。そして同国を保護領とし、チェコスロヴァキア共和国は、建国以後二十年余で消滅したのである。

　こうした外交的な勝利に、ヒットラーはますます自信を深めていった。かなり強引な面もあったが、イギリスのチェンバレン首相などは、ヒットラーに対しては弱腰とも思えるほどに妥協的な態度を見せたのだ。その結果彼は、イギリスを含む国際政局を、このあと誤って見ることになるのかもしれない。

　そうしたこととは別に、この頃のヒットラーとナチス党によるユダヤ人対策は、一貫して変わることはなかった。対外的に戦争も辞さないという彼の態度とユダヤ人問題とは、本来別の次元のものだった。それに対ユダヤ人ということでは、これはヒットラーとナチスだけのこではなく、広くヨーロッパ諸国民が持つ感じ方と共通のものだという考えが、かねがねあったのだ。

それはキリスト教とユダヤ教という観点からではなく、ごく一般的な庶民の持つユダヤ人に対する感じ方が、古来からあったのだ。その個々の例をここで取り上げることはない。ユダヤ人を排除したり隔離するというのは、そういう幅広い各地各国の民衆の秘めた要求でもあったのだ。ユダヤ人問題に関しては、ナチスだけを責めることはできない。

ここに一つの例がある。このあと世界大戦が始まってポーランドがドイツに占領されたとき、数少なく発行を許されていたポーランドの新聞にのった記事である。すなわち、「ナチスはわれわれの手では決して解決できなかったような仕方で、われわれのためにユダヤ人問題を解決してくれている」と。この事実をどう思うか。

第七章　第二次世界大戦

東方政策の破局

一九三九年九月一日、ドイツ軍が突如としてポーランドに侵入したことにより、第二次世界大戦が始まった。しかしこれには幾つかの予兆があった。まずだいいちに、この一週間前にドイツとソ連が、相互不可侵条約を結び、それがモスクワで調印されたのだ。期間は一〇年間である。これには世界が驚いた。

しかし考えてみれば不可侵条約などというものは、或る意味で当事者による戦争を前提としたようなもので、十年という期間を設けたところで、それはいつでも破られるものなのだ。しかもポーランドを挟んだドイツとソ連がそれを結んだということは、遠からずどちらかがそこに攻め込むということになるのは必定である。ポーランドはその時点で何らかの対応とか覚悟を決めておくべきだった。

そのポーランドとドイツの間では、それ以前に頻繁に外交交渉があった。しかしポーランド側は、外相も駐ドイツ大使もドイツ側に対しては極めて強硬な態度をとり、問題の解決や一致点などまったく見い出せない状況だった。彼らはその背後にあるイギリスを過大に頼りとしていたのだ。戦争になったら、イギリスが直ちにドイツを攻撃してくれると信じていたのである。そしてドイツ軍が侵入を開始した。

ドイツ軍はあっという間に国境を越えて、戦車や装甲車など近代兵器でもってポーランド領内に驀進《ばくしん》したのだ。これに対してポーランド軍はどう戦ったか。ところがここで、驚くべき状況が展開されたのだ。砂煙をあげて驀進してくるドイツ軍の機甲部隊に対して、ポーランド軍は何と騎兵部隊が槍を振り回して突っ込んでいったのである。信じられないような光景である。これは喜劇の舞台か。まさにドン・キホーテと風車の舞台だったのだ。

国会で演説するフットラー

個人にしても国家にしても、自分のことは自分で身を守らなければならない。ポーランドはドイツに対してフランスやイギリスを頼りにしていたが、両国とも直ちにドイツに対して宣戦布告をしたが、後方からドイツを攻めることなど殆どなかった。しかも九月十七日になると、東方からソ連が国境を越えて侵入してきたのだ。そして九月二十七日には、首都ワルシャワはドイツ軍に降伏した。一か月にもならない、独立国としてははかない戦いの終わりだった。

しかしヒットラーにとって東方政策の戦いは、むしろこれからだった。ただここでは、それをただちに遂行することはできない。彼はどんなことがあってもイギリスとは戦争をしたくなかったが、ドイツへの宣戦布告はそのイギリスやフランスからのものだった。それを受け止めざるをえない。戦いは西部へと移る。


翌一九四〇年の春になると、ドイツ軍はまず、デンマークとノルウェーの二か国を攻めこれを占領した。そして次には、フランス、ルクセンブルク、オランダ、ベルギーに侵攻し、間もなくオランダやベルギーなどが降伏した。地続きの国はあとフランスだけだった。そのフランスも、六月にドイツ軍が侵攻しパリの凱旋門に入城し、両国の間に休戦協定が調印されたのだ。それが二十一、二日のことだった。それ以前パリは無防備都市を宣言し、ヒットラーもそれを認めたのだ。パリはそのままどこも破壊されることはなかった。これは双方とも、ヨーロッパの民族だったから出来たことか。

ドイツはフランス全土を占領したわけではない。フランスの国土の南半分は、小都市ヴィシーに政府機関を置く、いわゆる「ヴィシー政府」が統治した。そしてその国家主席には、第一次大戦の英雄ペタン元帥が成った。フランスは大国だったから、ヒットラーもその全土を占領することなどできなかったのだ。それにフランスとポーランドでは、そこに住む民衆の民度が違う。そこにヒットラーの敬意の気持があったのか。

このあと九月に、ドイツ、イタリア、日本の三国による軍事同盟の条約が、ベルリンにおいて調印された。ここにいよいよ、三か国は強い運命共同体となって戦争に突き進むのだ。その後この同盟にはヨーロッパの周辺諸国、つまりハンガリーやユーゴスラヴィアなども加わって、あなどりがたい勢力となっていくのである。フランスのヴィシー政権はこれに加わることはないが、彼らは別の面でドイツの政策的な方針に従うことになるのだ。それは、これもユダヤ人問題だった。

この年の四月に、ゲシュタポ（秘密警察）の長官ハインリッヒ・ヒムラーが、ポーランド領アウシュヴイッツの湿地に、強制収容所を建設することを命じた。いわゆるアウシュヴイッツ強制収容所である。と同時に、ヨーロッパ各地ではユダヤ人に対する排斥が徐々に激しくなっていった。そしてそれに応えたのがヴィシー政権だった。

もともとフランスの民衆には、反ユダヤ人感情ではむしろドイツ人より根強いものがあった。それは国民の多くがカトリックの信者で、宗教的なものが影響していたのかもしれない。ともかく日頃からユダヤ人に対する嫌悪感には強いものがあった。そこでヴィシー政権は、ドイツのユダヤ人対策に対しては、積極的にではないにしろ協力したのだ。このときフランスからは、多くのユダヤ人が東方に移送されていった。

このユダヤ人対策については、一つの大きな対策が関係者によって考えられていた。それは四〇〇万にものぼるユダヤ人を、当時フランス領だったアフリカの東部にあるマダガスカル島へ移送しようとする計画である。これはドイツの保安情報部辺りから出た案だったが、結局は実現しなかった。当時ドイツには七五万人ほどのユダヤ人が住み、フランスには二七万程度、これに対してポーランドには二三〇万ものユダヤ人がいたというから、アウシュヴイッツに強制収容所としては最大のものが造られたというのは頷ける。それにしても、マダガスカル島移送のことが実現していれば、この大戦におけるユダヤ人の犠牲者はもっと少なかったかもしれない。

一九四一年六月二十二日、ドイツ軍は突如として、宣戦布告なしでソ連領に攻撃を開始した。いよいよその時がきたのだ。東方政策は、ヒットラーの政治信条の中では、もっとも大きな柱の一つだった。ドイツ民族の生存権は、今のままでは小さなものだ。かってイギリスやフランスは、その国力と富の蓄積のために世界各地に植民地を作った。しかし今、ドイツにはそれができない。そこで考えたのが、ロシア大陸南部にある、無国籍地である。そこには広大な食糧供給源と豊富な資源がある。そこをドイツ民族のために占有することに、何ら憚ることはない。かってイギリスやフランスがやったことと比べれば、ほんの些細なことだ。しかしそこには現在のソ連がある。問題はそこにある。

ヒットラーはソ連の軍事力を確かには把握していない。これは事実だ。国防軍の将軍たちにしてもそれは同じだった。どこの国にも、軍事機密というものがある。そしてどこの国にもスパイが存在する。しかしそのスパイですらそこまでの機密を識ることは容易ではない。しかしヒットラーの気持は逸っていた。かってのナポレオンの轍を踏むことだけは、絶対に避けなければならない。そのうえで戦争の準備は慎重に行う必要がある。

ただソ連への攻撃に逸るヒットラーには、二つの懸念事項があった。一つは第一次大戦の時もそうだったが、アメリカが連合国側に加わって、ドイツの敵国になるのではないかという不安があった。アメリカは今のところ、この戦争には参戦していない。彼は今後もそうあってほしいと思っているが、その保障はない。だからソ連への攻撃は今のうちだという考えがあった。もう一つはイギリスである。ヒットラーは今でもイギリスとは戦争はしたくないと思っている。さきに副総統のルドルフ・ヘスが、唐突な行動で、飛行機で単独でイギリスへ飛んで不時着した事件があったが、これも彼が、ヒットラーの心中を思ってやったことだ。それにフランスとの戦争の初期において、撤退するイギリス軍を英仏間のフランス側の海岸ダンケルクにおいて、みすみす見逃してやったというヒットラーの行為を、イギリス側が察してくれるのではないかという希望もあったのだ。

またイギリス政府の反ソ連という考え方が、ドイツのソ連への戦争を理解してくれているという期待もあったのだ。それに今のところドイツとイギリスとの間に、激しい戦闘はない。ヒットラーの対ソ戦開始のきっかけは、そのへんにあるとみてよい。

ソ連への攻撃は、ドイツ軍の総力をあげてのものになる。北からレニングラードに向かう北方軍。中央モスクワに向かうのは中央軍。南方ウクライナのキエフに向かう南方軍と。ソ連は国土が広い。ヒットラーはこれを「バルバロッサ作戦」と名付けて、全軍を発進させたのだ。これに対してスターリンも、ドイツとの不可侵条約を結んだものの、虎視眈々とドイツへの奇襲策を考えていたのだ。それがヒットラーに先を越されてしまった。彼のショックは大きかった。

ドイツがソ連への宣戦布告したことによりその同盟国、すなわちイタリアやハンガー、ルーマニア、スロヴァキア、フィンランドまでが宣戦布告してドイツ軍に参加した。ヒットラーは自ら、東プロイセンの森の中に作戦司令本部を設けて、そこで全軍を指揮した。これに対してソ連もすぐに反撃に転じて、早くも八月には、爆撃機がベルリン上空に飛来して空襲しているのだ。

ところがここで、ヒットラーにとっては思わぬことが出来《しゅったい》したのである。それは東洋の同盟国日本が、アメリカやイギリスに対して宣戦布告したのだ。開戦早々、日本軍はハワイのアメリカ海軍基地を襲い大損害を与えた。そして数日後にはイギリスの東洋艦隊の主力艦プリンス・オブ・ウエールズを航空機でもって撃沈した。その後はホンコンもシンガポールも日本軍によって占領されたのだ。

ヒットラーはこの報告を聞いて、イギリスに同情して、できたらイギリスを応援してやりたいぐらいだと言ったとか。しかし、それはともかく、ドイツはこれによってアメリカと敵対することになった。ソ連との戦争が始まったばかりのときに同盟国日本軍の対米英開戦は、ヒットラーらにとっては予想外の事態となったのだ。

一方ソ連との戦いは、緒戦はドイツ軍の快進撃で始まった。ヒットラーは西部戦線で活躍していた有能な将軍を配置換えして、この方面の指揮をとらせた。しかしソ連の国土は余りにも広い。しかもドイツ軍の戦域は、北から南へと幅広く拡がることになる。しかしそれでも、やがて中央軍はモスクワを目標に進撃し、ソ連軍に壊滅的な打撃を与えた。それを見て、ヒットラーは得意満面の表情でベルリンで戦況報告をした。そしてさらに、南方軍をロシアの南東部にあるスターリングラードに向かわせたのだ。

この頃ドイツ軍の戦域は、ソ連だけではなくヨーロッパの南東部にかけて拡がる一方だった。ユーゴースラビアの先のギリシャのクレタ島、さらにはアフリカ北部のエル＝アラメインにまでドイツ軍は進軍したのである。しかしここまでくると無理があった。枢軸側に東欧諸国の軍隊が加わったとしても、ドイツ軍との質の差は歴然としている。それにここに至って、ソ連軍は徐々に反撃に転じ始めてきたのである。

そしてもう一つ、これは重大な事情があった。これは前にもあったことだが、ヒットラーが将軍たちの作戦案にしばしば異論を唱え、結果的に作戦が間違った方向に展開されていくという事態である。所詮ヒットラーは、将軍たちに比べれば素人《しろうと》である。ところが彼は、自分の閃《ひらめ》きにより作戦が成功したと思うことがあった。その閃きにしたところで、それは将軍がもともと考えていたことなのだ。ヒットラーの悪い癖だが、これがソ連に対する作戦で出てきたのだ。ドイツ軍にとっては不幸な出来事だった。

スターリングラードの戦いは、始めはドイツ軍が優勢だった。しかしヒットラーは、ここでの勝利は間違いないと信じて、その軍勢の一部を割いて、コーカサス地方の油田地帯へも同時に攻撃をしかけようという発想をもった。しかしこれには将軍たちが反対した。用意周到に練られた作戦案を突然変更するということは、結局失敗するということが分かっていたからである。しかしヒットラーはそれを実行させたのだ。

その頃からソ連軍の反撃が始まった。まずロシア大陸の奥地に隠してあった戦車軍団が動き出したのだ。砲身の長い戦車が、平地の多い大地を突進する戦車軍団は、ドイツ軍にとってはまさに脅威だった。壮絶を極めたスターリングラードの市街戦も、援軍を増加させたソ連軍と、援軍のまったくないドイツ軍とでは優劣は明らかだった。

スターリングラードへの攻撃は、パウルス将軍が率いる第六軍だった。形勢不利とみたパウルスは、そこからの撤退の許可をヒットラーに要請した。しかし彼の答えは「ナイン」だった。しかし部下の損失の大きさに、パウルスの第六軍はついにソ連軍に降伏したのだ。一九四三年一月三十一日のことである。

このスターリングラードの敗北のことは、ドイツ国内に隠すことなく報じられた。それを聴いた国民は、深い悲しみと同時に大きな不安を感じなければならなかった。ヒットラーの始めた戦争は、ドイツにとっては次第に形勢不利な状況となりつつあったのだ。

それ以前、アフリカ北部で戦っていたロンメル将軍の率いるドイツ軍にも異変が起こっていた。ロンメルは有能な将軍で、国民にも人気があった。しかしアメリカが参戦したことにより連合軍が勢いを得て、この地にモントゴメリー将軍が率いるイギリス軍が襲いかかったのだ。航空機と戦車による両軍の戦いは壮絶なものになった。しかし勢いは、次第にイギリス軍にと傾いていた。

そこでロンメルは、ヒットラーに対してアフリカ戦線からの撤退を要請したのだ。ところが彼はこれを拒否して、徹底抗戦を指示したのだ。だがロンメルはその指示に従わず、この地からのドイツ軍の撤退を決めたのだ。これが一九四二年十一月のことである。北アフリカのみならず全体の戦況は、ドイツ軍が次第に追いつめられていったのだ。

翌一九四三年になると、ヒットラーは思いがけなくも衝撃的な報せを受けとることになる。この年の七月、連合国軍はイタリア南部のシチリア島に上陸しそこを占領した。、そしてその後、イタリアの大評議会で、ムッソリーニが持っていた軍の統帥権を、国王のビットリオ・エマヌエールに引き渡すようにと評決があり、ムッソリーニは逮捕されてしまったのだある。彼はヒットラーのように、身分的には国家の独裁者ではなかったのだ。その上には国王が存在していたのだ。前時代的なというべきか。これはヒットラーにとって、非常に衝撃的な出来事だった。そのうえイタリアは、九月になって連合国軍に対して無条件降伏をしたのだ。状況はいっぺんに変わった。

一方連合国側、中でもイギリス空軍によるドイツ国内の主要都市に対する爆撃は、日を追って激しくなっていった。その手始めは一九四二年三月に行われた。ハンブルクの北にある小都市リューベックへの爆撃だった。そこは中世にハンザ同盟により栄えた都市で、軍の施設など何もない処だった。ところがそこに、イギリスの爆撃機二三〇機による焼夷弾爆撃である。ドイツの住宅は多くが木材によって造られている。町はすべて焼き払われ、千人以上が焼き殺されたのだ。これは明らかに、非戦闘員だけを狙った大量虐殺だったのだ。ヨーロッパにおける紳士協定はここに破られたのだ。

これはイギリスの首相チャーチルの発想によるものといってよい。彼はイギリスの貴族である。彼らはかってインドを始めとして、世界じゅうの植民地の部族や住民を、まるで人間と思えないやり方で多くの人びとを嬲《なぶ》り殺してきたのである。ヨーロッパにおける紳士協定など、全く無視した結果である。しかもその無差別爆撃は、日を追って激しくなっていくのだ。ハンブルクやドレスデンへと。

そんな国難な状況下にあって、このときドイツ国民はどんな生活をしていたか。前線でのドイツ軍の敗北の報らせや、頻繁に行われるようになった連合国軍の爆撃機による空襲など、彼らの多くは不安な状態に落ち入り、政府に不満を持つようにもなった。しかし戦争にはよく耐えた。

また一方では、そんな中でも大衆は享楽を求めた。ベルリン市内ではダンス・ホールが営業を続け、若い兵士や市民が少女と一緒に騒ぎながら踊っていた。そして時として行われる政府による貧民への救済措置の一環として行われる運動、すなわち市民の日常的な食費の一〇パーセントを彼らに贈るという運動には、市民が積極的に賛同したのだ。そこにナチス党が掲げる、国家社会主義的な影響があったのか。


ドイツとナチス党は、二つの戦争を同時に戦っていた。一つは国防軍による対連合国軍戦争である。そしてもう一つはユダヤ人との戦いである。これはナチス党結党以来の、彼らの首尾一貫した運動である。その経緯はすでに知られ実行されている。そこでさらにその最終的な措置を決めるための会議を、改めてもつことになったのだ。場所はベルリン郊外の湖畔の保養所ヴァンゼーで。一九四二年一月のことだった。

そこでは座長に、国家保安本部長官のラインハルト・ハイドリッヒSS大将がなり、関係者

十四、五人が出席した。そこにはヒットラーを始め、ゲーリングやヒムラーも出席していないから、最高首脳会議ということではない。しかしその中には、後日保安本部の要職に就くことになる、ミューラーやアイヒマンらも名を連ねていたのだ。つまり実質上の首脳会議といってよい。

そしてここで決められたのは、彼らユダヤ人への絶滅政策であるが、この頃では東ヨーロッパの強制収容所に入れられているユダヤ人の労働力を、いかに有効に活用するかということが、具体的に検討されたのだ。彼らは苛酷な労働を強いられ、そして自然淘汰という名のもとに、次々と倒れていく運命にあったのだ。この解決草案は、ゲーリングに報告されることになる。ヒットラーにより命令され、ヒムラーによって計画されたユダヤ人に対する最終処理は、こうして確実に実行されていったのである。

もう一人、反ユダヤ主義の急先鋒だった啓蒙宣伝相のゲッベルスは、いつもはベルリンに居たが、あるとき東部戦線の兵士たちの兵営を訪れた。そして新しく少尉に任官した若い将校を集めて演説をした。そこで彼は、今までにユダヤ人を六百万人処分したと発表したのだ。これに対して若い将校たちがいっせい歓声をあげたというのだから、まさに異常な光景だった。ただゲッベルスが報告した六百万という数字は、彼のいつもの癖でたいした根拠もない、多分に誇張されたものだった。

一九四四年六月六日になって、連合国軍がフランスの西部ノルマンディーに大挙して上陸した。ドイツ軍にそれなりの備えはあったが、虚を突かれた感じである。いよいよ西部戦線でも地上戦が開始されたのだ。ドイツ軍は始めから防戦一方だった。

ノルマンディーに上陸した連合国軍（1944年6月6日）

この頃になると国防軍の将軍や高級将校の間に、反ヒットラーの動きが密かに囁かれるようになった。各地の戦線で、ヒットラーによる無理な作戦変更や戦術の誤りに、不満が高まったのである。ヒットラーはスターリングラードの敗北のあと、それまでに彼に度々の助言してくれたマンシュタイン元帥に、今度の敗北の責任は自分にあると認めたことはある。しかしそれ以降も、何かにつけて将軍たちを責めたのだ。そしてその不満が爆発したのがヒットラー暗殺未遂事件だった。

暗殺未遂現場を見るヒットラーとムッソリーニ

その七月二十日に、東部戦線の陸軍総司令部の中で、突然仕掛けられた爆弾が破裂したのだ。犯人はこの日ベルリンからやってきたシュタウフェベルク大佐だった。爆発により壁や柱がふっ飛んで煙が立ちのぼった。その衝撃で四人の将校が死亡し、ヒットラーは服が破れたが奇跡的に右腕の軽傷ですんだ。シュタウフェンベルク大佐は、とうに敷地の外に逃れていた。

ヒットラーには大きな痛手だった。その日はまたムッソリーニが総統大本営を訪れることになっていた。時刻どおりに彼はやってきた。爆発現場を二人で見た彼らは、自分たちの将来に何を思ったか。

事件に対するヒットラーの復讐には凄まじいものがあった。彼はまず、自分が健在であるという自らの肉声を、ラジオにより全国に流させた。そしてそのあとゲシュタポやSSの手によって、犯行に加わった一味の捜索と逮捕が始まった。事件直後ヒットラーは、犯行は少数のグループによるものと思っていた。しかしヒムラーらによって事件の解明がなされる過程で、それが国防軍内部の、将軍や中堅将校たちによる大がかりな組織によって行われたことを知った。そしてその中には、あのロンメル将軍の名もあったのだ。

八月になって、事件で逮捕された将軍や将校たちに対する裁判が開かれた。その結果、元帥や若手将校など、事件に関わった八名に絞首刑の判決があり、彼らは翌日、ベルリン郊外の青少年刑務所の裏手にある建物の中で処刑された。それはむごたらしいやり方で、被告たちは死に至るまで長い間の苦痛を強いられた。

一方のロンメル将軍についても、ヒットラーは赦すことはできなかった。いくら国民的英雄だといってもだ。そこで彼は、別の将軍をロンメルの許に遣わせ、彼には青酸カリを持たせた。そしてロンメルは、人民裁判にかけられることなく自殺した。ヒットラーは夫人に弔意を伝え、国民に向けては、彼が戦闘による負傷がもとで死んだのだと説明して、その葬儀は国葬として行われたのだ。

その後ドイツを取り巻く状況は日一日と悪化していった。ノルマンディーに上陸した連合国軍はその後は東進を続け、やがてパリにまで到着し、八月二十五日にはアメリカとフランス軍がパリに入城した。ドイツとの国境は眼の前だった。そして東からはソ連軍が迫っている。

その年も押し迫った十二月二十八日に、ヒットラーの許で国防軍の最高首脳会議が開かれた。そして一同は、戦況が絶望的であることを認めざるをえなかった。しかし彼は、「この戦争はイデオロギーの戦いである」ことを力説し、戦争の継続を訴えた。ドイツの敗北はもはや決定的だった。しかしそれでもなお、彼は自分のイデオロギーに拘《こだわ》った。共産主義に反対し、国家社会主義を成功させ、ユダヤ人との戦いを遂行させると。

この頃連合国軍、なかでもイギリス空軍による国内の都市に対する爆撃は、いよいよ激しさを増し、翌四五年の二月十三日から十五日にかけて、東部のドレスデンにたいして行った爆撃では、市民二十万人を殺害するという暴挙を行ったのだ。

ナチズムの崩壊

この年の一月になって、ヒットラーはかねてから建設中だった首相官邸裏の地下壕に移ることになった。上下二層になった十五、六の部屋に、愛人のエファ・ブラウンやゲッベルスや副官などが入った。官邸の本館は度重なる空爆で使いものにならなかった。いよいよ彼は追いつめられていった。そこでは作戦会議などもできず、わずかに国防軍の首脳のカイテルやヨードル将軍らが来て、打ち合わせが行われる程度である。そしてそれが終わると、彼らはそそくさとそこを去っていくのだ。

エファ・ブラウンは、ヒットラーがミュンヘンで政治活動を始めた頃に知り合った女性である。写真館の娘で、そこの主人、つまり父親が彼の姿をよく撮っていたからそうなった。その成り行きはごく自然なものである。彼女はヒットラーと時どきは一緒に生活をした。しかしその行動はごく控え目で、世間的に表に姿を見せることは殆どなかった。しかし結婚はしなかった。ヒットラーにとって、それが自分の政治活動に差し障るという考えがあったようだ。

ヒットラーには、もう一つ私的な空間があった。それはドイツとオーストリアの国境附近の山岳地帯にある、オーバーザルツブルクの山荘である。ヴァッツマンなど、三千メートル級の山々が連なる、ドイツアルプスの間にある。初め彼はそこを家賃を払って借りていた。そしてある程度金が貯まったところで、それを買いとったのだ。

目も眩むような崖の上にある小屋は、ヒットラーが首相になってからは、そこは外国の要人を迎えたりして政治の場として使った。しかしそれよりも彼は、むしろ自分のために多くそこに滞在したのだ。疲れを癒やすための気分転換や、あるいは保養のためにと。そしてその小屋には、一つだけ彼が拘わった仕掛けがあった。

山荘には北側に突き出した八角形の大部屋がある。その部屋は単なる展望台ではない。重要な会議は奥にある丸テーブルを使った。しかし八角形の部屋の形とは関係はない。その形はヒットラーがあえて造らせたものなのだ。それは何を意味するのか。

ドイツの西部、ベルギーとの国境近くにアーヘンという古い都市がある。じつはそこに、八角形のドームをもつ大聖堂があったのだ。そしてそれを建立したのは、神聖ローマ帝国の初代皇帝カール大帝（シャルルマーニュ）なのである。八世紀の終わりから九世紀にかけて、フランク王として西ヨーロッパの大半を征服した彼は、ローマ教皇レオ三世から皇帝の冠を授かったのだ。

カールは皇帝として、ヨーロッパの辺境の地にしばしば兵を出した。そしてイタリア遠征時に当地で見たビザンチン風の建造物、すなわち八角堂に惹きつけられたのだ。アーヘンの大聖堂は、こうした経緯によって造られたのだ。その二階には、今でもカール大帝の玉座がある。

ヒットラーは自らの政権を第三帝国と呼称していた。それは言うまでもなくカール大帝の神聖ローマ帝国を第一のものとしているところから始まる。この山荘の八角の部屋は、そういう意味が込められていたのだ。

その自らの八角堂の北側に、ヒットラーは深夜独りで立つことがしばしばあった。冬は星明かりの中でも、雪を被った岩山が目の前に横たわっている。そこは地球の一隅にある小さな宇宙の拡がりである。その小宇宙に向かってヒットラーは呟いていた。ドイツ民族をどのように指導し、どの方向に向かわせるかと。そのとき彼はどんな霊感を体現していたのか、そしてまた、ヒットラーはナチスドイツの崩壊までを予感していたのか、しかしその予感どおり、ナチズムはいままさに崩壊したのである。

ヒットラーの遺言

ヒットラーの肉体は、日に日に衰えていった。目はかすみ安物の老眼鏡をかけ、猫背になり動作も鈍くなり、時として激しい胃痛に襲われた。そしてもう、国民に向かって演説することもない。彼はとうに死を覚悟していた。

地下壕の外から伝えられる戦況により、それに対応するものなど今さら何もない。ドイツは西も南も東も、殆どが連合国側によって占領され、その軍勢の足音がここベルリンにも聞こえてくる。またここに至ってヒットラーの許を去っていく要人も何人かいた。ゲーリングはバイエルンに逃げ、ヒムラーは西側と和平工作に入ったというのだ。そして四月二十八日に、ムッソリーニがイタリアの北部コモ湖畔でパルチザンにより殺害されたというニュースも入ってきた。まさに絶望的だった。

いまベルリンの地下壕にはゲッベルスとその家族だけが残った。ヒットラーの周りには何人かの女性秘書や通信兵などがいたが、彼女たちにはそれほどの悲愴感もなく、時どきお茶を飲んだりして寛いでもいた。或る日、ヒットラーとエファ・ブラウン、それに女性秘書など数人と食事をしたあと、秘書の一人がヒットラーにいきなり質問をした。

「総統、国家社会主義は、これからまた復活することがあるでしょうか?」と。

するとと彼はそれに答えた。

「いや、それはない。国家社会主義は壊滅した。ことによったら百年後には、同じ思想が甦るかもしれない。宗教の力と一緒になって世界じゅうに広がるかもね。しかしドイツは敗北してしまった。ドイツは、自分がもたらした政治課題に応えられるほど成熟もしていなかったし、強くもなかったということだ」。これがヒットラーの答えでもあり、遺言でもあったのだ。

その後四月二十九日になって、ヒットラーは地下壕の一室に女性秘書を呼んだ。そこで彼が口述し、秘書がそれをタイプで打ったのが正式な遺書だった。遺書は「余の政治的遺言書」と、「余の私的な遺書」に分けられる。彼の自筆のものはない。そこでは、自分の生涯はドイツ国民に対する愛と忠誠心あるのみである、と述べているが、そのとおりだと思う。また後半では、自分の死後のドイツ政府の人事について述べているが、これは何の意味もたない。

翌三十日、ヒットラーはエファ・ブラウンと結婚式を挙げ、間もなく二人は自殺した。ヒットラーとその同志によるナチス体制は、ここに崩壊した。クーデターや反乱によるものではなかった。ドイツとドイツ人は、最後までヒットラーを総統として仰いでいたのだ。

五月七日になって、ヒットラーによって総統に指名された海軍元帥デーニッツが、ヨードルに命じて連合国側との間で降伏文書に署名した。そしてその二日後には、ソ連軍との間でも同じような降伏文書が署名されたのだ。ヨーロッパでの戦争はここで終わった。

しかし極東、それは広く中国本土から太平洋からビルマまでの地域にかけての、日本とアメリカを主力とする連合国軍との戦争はまだ続いていた。日本本土にある大小の都市がアメリカ空軍の爆撃に曝され、その三月十日にはドレスデンと同じように、東京でも二十万人もの市民が虐殺されたのである。チャーチルと同じように、アングロサクソン民族のこれが手法だったのか。

日本に対するアメリカ軍の攻撃はさらに激しさを加え、沖縄での地上戦では多くの民間人が犠牲となった。そしていよいよ最終段階に入ったのだ。

八月六日と九日に、広島と長崎に投下された原子爆弾は、おそらくその爆弾を作った者さえもが想像を絶する物凄いもので、その人間集団が被った惨状は、地獄とか悪魔とかと表現されるもの以上のもので、まさに人類に対する戦争犯罪だった。こんなものをいったい誰が作り、そして誰が使用したのか。それを厳しく問わなければならない。

一九三九年、アメリカの物理学者アルベルト・アインシュタインは、時の大統領フランクリン・ルーズヴェルトに手紙を送り、原子爆弾製造のための研究を推進するようにと訴えた。その年の九月に、ドイツ軍がポーランドに侵攻して第二次世界大戦が始まったのだが、当時アメリカはドイツとも戦っていないし、まして日本との戦争もなかった時である。しかし、アインシュタインはなぜ原子爆弾の製造をルーズヴェルトに進言したのか。それにまたその爆弾を、どこの国に向けて使用しようとしたのか。

一説によると、彼はルーズヴェルトとの話し合いの中で、日本に落とすようにと進言したという。果たしてそうなのか。、アインシュタインとルーズヴェルトは、ともにユダヤ系である。その後日本とアメリカは開戦して敵対関係になった。その予兆があってルーズヴェルトが対日戦でこれを使用しようと思いたったとしたら、これは頷ける。しかしもう一方のアインシュタインは、どうして原子爆弾製造を思いたち、それを日本に落とそうと考えついたのか。

彼はかってはドイツ人であったが、その頃にはヒットラーの出現によるドイツの将来も、自分の身の安全にも不安を覚えていた。そして一九三三年頃にドイツを離れ、アメリカの市民権を得たのが一九四〇年のこと。彼が原子爆弾のことを大統領に進言したのは、その前年のことである。この頃の彼の心理状態を知ることはできない。しかしあえて想像してみる。

まずだいいちに、彼は市民権獲得がなかなかすすまないことに不安を感じ、自分のこの案を大統領に進言することによって、その関心をうかがおうとした。そしてもう一つは、日本人が黄色人種であるということだ。この頃ヨーロッパでは黄禍《こうか》論というものが盛んに囁かれていたのだ。これはドイツのウィルヘルム二世が、日清戦争により大国清国を討ち破った日本軍の軍事力が、やがてヨーロッパにも迫り来るのではないかという考えのもので、このことはヒットラー自身も不安を感じたことがある。このような考えは、ヨーロッパの識者の間にもかなり滲透していたのである。アインシュタインもそうだったのか。

いずれにしても二人のユダヤ人によって、原子爆弾は日本に投下されることが決められた。

日本人は決してこれを忘れることはできない。アメリカ人は白色人種で日本人は黄色人種。これは偏見ではなく事実だ。その事実には動かしがたいものがある。このことによっても、二人のユダヤ人は日本人に原爆を落としたのだ。白色人種に比べて黄色人種は、動物に近いというのか。

その後ソ連が、突如として日本を襲い、その年の八月十五日に日本軍は連合国側に降伏した。両国の間には不可侵条約があったが、ドイツとソ連との関係を識れば、それが何の意味も持たないということは分かっていた筈である。

約六年間にわたって行われた第二次世界大戦はここに終わった。そのあと連合国は、ドイツと日本の政治家や軍人を裁く、国際軍事法廷なるものを設けて彼らを裁き、それらに重い判決を下した。これが大戦の最終決着だったのか。だがこれには多くの疑問と不満が残った。しかしこれが戦勝国の論理だったのだ。戦勝国、中でも大国の力は絶大である。

あとがき

私はこの本を著すためにだけ、ドイツやオーストリアを彷徨したのではない。スペインには二十年以上にわたって、その地を訪れた。そうしたなかで一九九五年の冬に、初めてチェコを訪れたのだ。その首都プラハ滞在中に、私たち旅行者を案内してくれたのは、チェコ人の、五十近い女性だった。夫は大学の教授で、彼女も知識人で、日本語は夜の学校に通って覚えたという。ただ日本へは行ったことはない。

プラハには三日ほどの滞在で、彼女がいつも付き添ってくれた。その彼女との会話で、私はしばしば同じ言葉を繰り返すようにして聞いたのだ。いわく、「この国は医療と教育はただです」と。それはいつも誇らしげな口調だった。私には密かに打たれるものがあった。

その頃チェコは、ソ連軍の占領から解放されて三年が経っていた。いわゆる共産主義体制から脱して、西側の自由主義経済体制下に入ったのだ。その変わりように国民は驚いた。目も眩むような驚きだった。物の価値というか、その物価が急激に変わって、普通の市民は対応もできないような混乱に見舞われたのである。やがて彼らは、自分たちが自由主義経済圏に入ったからといっても、間もなく幻滅を感じることになったのだ。チェコ政府は社会主義体制をとっていた。昔の共産主義よりもやや緩い、市民にも納得のいく体制だった。そしてソ連軍が撤退したあとも、その体制の一部が残され、かつ堅持されたのだ。国民にとって最も関心の強い、全国民に対する医療費の無料化と教育費の無償化など、国策としてもそう簡単にできることではない。しかしチェコ政府はその体制を守り続けたのだ。

チェコにしろハンガリーにしろ、国民はそれほど多くの物を望んでいるわけではない。それはドイツ人もフランス人も同じである。庶民の欲望などしれたものである。彼らが国家に期待するのは、医療費が無料で自由に勉強ができ、学校へ行けるという程度のものである。プラハの女性が語ったように、国民はそれだけで十分、誇りを持つことができるのである。これこそが、国家社会主義が理想とする原点なのか。人びとはどう考える。

ナチズムとは何だったのか。ドイツ国民にとって、国家社会主義とは何だったのか。それは必ずしも否定されるべきものではない。その主張するところには貴族制の打破もあり、有能な庶民の多くが、社会の各分野で活躍することができた。また経済の面でも、彼らはそれなりの恩恵を受けた。戦後いち早く、フォルクスワーゲンが、広く国民の手に渡ったのもその一つだった。しかし反面、戦争が多くのものを奪ったのも事実だ。ヒットラーの東方政策のせいだったのか。しかしそれは、彼にとっては避けがたいことだった。それがヒットラーのドイツ国民に対する忠誠心の現れだったのだ。それ以外、彼には私心などなかった。

取材旅行ということだけではなく、十年以上にわたってヒットラーとナチスについてドイツとオーストリアの各地をさ迷い歩いたことには、たえず或る感慨があった。いまそれをいちいちここで取り上げることには、やはり憚るところがある。何ゆえにか。

オーストリアの奥地にヒットラー一族縁者を訪ねたとき、その家の年配の女性と私の妻が、にこやかに屈託もなく話し合っていた姿を、いまは懐かしく想う。

参考文献

『吾が闘争』アードルフ・ヒトラー（眞鍋良一訳）、興風館版
『わが闘争』アドルフ・ヒトラー（平野一郎・将積茂訳）、角川文庫
『アドルフ・ヒトラー』アラン・バロック（大西平明訳）、みすず書房
『アドルフ・ヒトラー』ジョン・トーランド（永井淳訳）、集英社
『ヒトラー全記録』阿部良男、柏書房
『ナチス・ドキュメント』ワルター・オーファー（救仁郷繁訳）、論事社
『第三帝国の興亡』ウィリアム・シャイラー（井上勇訳）東京創元社
『ヒトラーのニュルンベルク第三帝国の光と闇』芝健介、吉川弘文館
『アドルフ・ヒトラー』村瀬興雄、中央公論社
『ムッソリーニ――イタリア人の物語』ロマノ・ヴルピッタ、中央公論社
『私はヒトラーの秘書だった』トラウデル・ユンゲ（足立ラーベ加代・高島市子訳）草思社
『反ユダヤ主義』村上雅人、講談社
『ユダヤ人』村松剛、中公新書
『非ユダヤ的ユダヤ人』I・ドイッチャー（鈴木一郎訳）岩波新書
『ヒットラー我が生涯――戦争と芸術と』永峯清成、新人物往来社
『ヒットラーの通った道』永峯清成、新人物往来社

〔著者紹介〕
永峯清成（ながみね　きよなり）
名古屋市在住。歴史作家。
著書　『上杉謙信』（ＰＨＰ研究所）、『楠木一族』『北畠親房』『新田義貞』『ヒットラー 我が生涯』『ヒットラーの通った道』（以上、新人物往来社）『スペイン奥の細道紀行』『カルメン紀行』『スペイン ホセ・マリア伝説』『「講談社の絵本」の時代』『これからの日本』『人生斯くの如くか——東西お墓巡り』（以上、彩流社）、『信長は西へ行く』（アルファベータブックス）、『ハポンさんになった侍』（栄光出版社）ほか。

ヒットラーの遺言——ナチズムは復活するか
2023年5月25日　初版第一刷発行　　　定価は、カバーに表示してあります。

著　者　永　峯　清　成
発行者　河　野　和　憲

発行所　株式会社　彩　流　社
〒101-0051　東京都千代田区神田神保町3-10　大行ビル6F
TEL 03-3234-5931 FAX 03-3234-5932
ウェブサイト　https://www.sairyusha.co.jp
E-mail sairyusha@sairyusha.co.jp
印刷　モリモト印刷㈱
製本　㈱難波製本
装幀　渡辺将史

ISBN 978-4-7791-2901-8 C0022

◉は電子版があります

人生斯くの如くか

978-4-7791-2770-0 C0020(21. 07) ◉

東西お墓巡り　永峯清成 著

著名人の死は多くの場合、劇的であり、葬られた場所は厳粛な処だ。その人物が、世に悪人だと言われたとしてもである。その厳粛さに惹かれた著者が訪ねた墓地に眠る人の生き様に思いを馳せ、生き方の答えを思索する異色の紀行書。　四六判 並製　2,000＋税

これからの日本

978-4-7791-2590-4 C0030 (19. 05)

活力ある新体制で　永峯清成 著

これでよいか、日本！ 戦後復興から高度経済成長、繁栄を謳歌した時代から人口減少に伴う“不透明な下り坂”の日本社会。政治の活性化、歴史の再検証、防衛問題、変わりゆく自然の風景と日本人の感性……。格差に蝕まれる日本の脱出口を問う！　四六判並製　1,800＋税

「講談社の絵本」の時代

978-4-7791-2070-1 C0021 (14・12)

昭和残照記　永峯清成 著

少年少女を「歴史の虜」にした絵本の時代があった。昭和 11 年から 17 年まで＜見る雑誌＞として豪華な絵本が刊行された。この時代に幼年期を過ごした著者が、歴史作家になるほど魅入られた絵本の世界と戦時下の生活を描く。カラー口絵付き。　四六判並製　1,900＋税

スペイン奥の細道紀行

978-4-7791-1809-8 C0026 (12・08)

バスク・アンダルシア……　永峯清成 著

カルメン、伝説の山賊ホセ・マリア、ロルカ、侍ハポン……。憧れから始まった 1989 ～ 2010 年までの 20 年間に 16 回もスペインを訪れ、アンダルシアの山岳地帯に入り込み、山賊の足跡を追ったり、各地を彷徨い続けた旅の記憶を再現する。　四六判上製　1,900＋税

ヒトラーはなぜユダヤ人を憎悪したか

978-4-7791-2060-2 C0022(14・11) ◉

『わが闘争』と『アンネの日記』　林　順治 著

『わが闘争』に語られた幼年期やウィーン時代の生き様に『神経症』の病理を見て、ヨーロッパを席捲したマルクス主義に対し、反マルクス主義＝反ユダヤ主義という意識から、その打倒にはユダヤ人を絶滅しなければならないという観念に陥った……。四六判上製　2,700＋税

日独伊三国同盟の虚構

978-4-7791-2825-7 C0022 (22. 07) ◉

幻の軍事経済同盟　手塚和彰 著

日本の進路を誤らせた実態のない同盟の虚構を暴く！ 三国同盟は、日独それぞれが短絡的な都合のもとに勝手な解釈を繰り返して成立したものだった。陸軍や一部外交官が独走し、それに同調する無責任体制と意思疎通不足、情報不足と解釈の誤りの実態。 A5 判上製　3,600 円＋税